탄허의 예언과
그 불꽃 같은 생애

탄허의 예언과
그 불꽃 같은 생애

일우자현 지음

민족사

추천사

시대를 앞서간 선승을 그리워하며…

　탄허 선사께서는 일찍이 유교와 『노자』·『장자』·『주역』 등을 수학하신 한학의 대가이십니다. 그러나 일제강점기라는 격변기를 맞아 민족의 구제라는 시대적 사명을 각성하시고, 당시 도인으로 명성을 떨치던 오대산 상원사의 한암 선사의 문하로 출가하십니다.

　이후 스승의 문하에서 참선과 교학에 매진하시다가, 동아시아 대승불교의 정수인 화엄 사상을 통해 유교와 도가를 회통會通해 내게 됩니다. 그리고는 교육만이 불교와 우리나라의 미래라는 판단하에 교육과 번역이라는 고된 노력에 평생을 한결같이 매진하십니다. 스님의 웅건한 노력과 실천행은 남송의 주자를 넘어섰고, 활달한 정신 경계는 당나라의 이통현 장자에 필적한다고 하겠습니다.

오늘날 4차 산업혁명이 세상을 바꾸며 5G의 시대가 미래를 재촉하고 있는 이때, 과학기술의 발전과는 달리 인간은 표류하며 행복의 가치를 잃어버리고 있습니다. 만일 탄허 선사가 계셨다면, 화엄을 중심으로 하는 동양학적 철견哲見으로 진정한 이 시대의 좌표를 제시해 주셨을 것입니다. 바로 이 점이 우리가 더욱 발전된 현실을 살면서도, 탄허 선사를 그리워해야만 하는 이유가 아닌가 합니다.

현대는 더욱 첨예하게 대립하고 더 작은 것으로 갈등하는, 행복을 추구하지만 평안하지는 않은 시대입니다. 이때 선사의 화엄 사상과 시대를 읽는 투철한 명안明眼이 있다면, 모든 문제는 사라지고 통합의 화합된 나날이 펼쳐질 것입니다. 이런 점에서 우리는 탄허 선사를 올바로 이해하고 바로 볼 필요가 있다고 하겠습니다.

자와 컴퍼스가 세상을 바르게 하는 것은 아니지만, 자와 컴퍼스 없이 세상은 바로 잡힐 수 없습니다. 그러므로 우리에게는 선지식이 필요한 것입니다. 이런 위대한 행보의 족적을 남긴 분이 바로 탄허 선사이십니다. 그러므로 여러분들께서 꼭

한 번 일독하셔서, 영혼의 금강석과 같은 스승과 조우해 보시
길 부처님께 기원 드려 봅니다.

탄허 스님께서 직접 짓고 일생을 번역에
매진하셨던 방산굴 方山窟에서
대한불교조계종 제4교구 본사 주지 퇴우정념 和南

탄허, 예언자인가? 고승인가?

한국불교 1700년 역사에 많은 이인異人과 고승이 어찌 없었 겠는가? 그중 가장 특징적인 인물은 구산선문 중 하나인 동리 산문桐裏山門의 고승, 도선道詵(827~898) 국사가 아닐까 싶다. 도 선은 고려 태조 왕건의 스승으로 당대 최고의 선승禪僧인 동시 에, 천문과 지리에 능통한 신승神僧이자 예언가였다. 이 때문 에 후세에는 도선의 이름을 빌린 『도선비기道詵秘記』라는 풍수 지리 책이 유행하곤 했다.

왕건에게 도선 국사가 있었다면, 이성계에게는 무학無學(1327 ~1405) 왕사가 있다. 무학은 고려 말의 최고 선승인 나옹懶翁 왕사의 제자로 중국에 유학까지 갔다 온 선승이다. 그런데 워낙 특출한 고승이다 보니, 신비한 일화들이 오늘날까지도 다수 남아 있다. 이런 무학에게도 후세에 이름을 차용한『무학비기無學秘記』가 있으니, 우연으로 치부하기에는 너무나 공교롭다.

　탄허 스님은 일제강점기를 전후해서 총 4차례나 종정(혹 교정)을 역임하신 희대의 선승 한암 선사의 수제자이다. 또 화엄사상과『주역』및『장자』에도 능통했던, 살아 있는 동양학 자체였던 분이다. 이렇다 보니, 암울한 시대를 살던 우리 민족에게 종종 등불과 같은 비전의 말씀을 하시곤 했다. 도선 국사와 무왕 왕사 역시 왕조의 교체와 새 시대를 열어야만 하는 종교인의 숙명 속에서, 많은 이적을 드러내지 않을 수 없었으리라.

　일제강점기와 한국전쟁으로 잿더미밖에 안 남은 남한에서, 한민족 웅비의 기상과 미래비전을 제시한 탄허 스님은 누구도 따를 수 없는 진정 위대한 종교인이었다. 그러나 스님이 말하고자 하는 귀결 처는 예언과 같은 술수가 아닌 깨침에 있었다. 즉 불교와 민족을 바로 하는 것이 스님의 참된 목적이었던 것이다. 이런 점에서, 스님은 시대의 요청에 부응한 진정한 고승이라 할만하다.

　세상 사람들은 예언에 휩쓸리고 가려서 스님을 제대로 보지 못한다. 이는 마치『도선비기』와『무학비기』가 선승의 진면목을 저해하는 것과 흡사하다. 그러므로 우리는 이제 스님의 치열한 수행과 교육에 헌신한 불꽃 같은 삶을 관통해 볼 필요가 있다. 이것이야말로 시대를 앞서간 선각자를 제대로 응시하는 진정한 추념의 자세이기 때문이다.

탄허 스님께서 강의하시던
설청구민說廳俱泯의 대강당에서
일우자현 筆

차례

—

탄허의 예언과 그 불꽃 같은 생애

1부

탄허 스님은
과연 예언자인가?

1

탄허 스님의

예언과 시대를

보는 눈

예언가로 알려지게 된
고승과 격랑의 시대

독일의 철학자 임마누엘 칸트는 엄격한 자기관리와 규칙적인 삶으로 유명한 분이다. 때문에 '칸트가 산책하는 것에 보고 시계를 맞췄다.'는 말이 있을 정도다. 대가大家는 분야와 관계없이 통하는 면이 있게 마련이다.

탄허(1913~1983) 스님 역시 스스로에게 엄격했던 분이셨다. 어떤 일이 있어도 항상 새벽 2시~2시 30분에 기상해, 세수한 후 참선하는 것으로 하루를 여셨다. '정좌징심靜坐澄心' 즉, 명상의 맑은 마음으로 하루를 시작하시는 것이다.

탄허 스님께서는 선수행을 바탕으로 불교 최고의 경전인 『화엄경』 80권을 최초로 완역하신 분이다. 뿐만 아니라 화엄경에 대한 대표적인 주석서인 청량 국사의 『화엄경소·초』 90권, 그리고 이통현의 『화엄경론』 40권을 번역하셨고, 평생을 후학

탄허의 예언과 그 불꽃 같은 생애

육성을 위하여 강의하신 화엄 사상의 대종장大宗匠이시다. 이외에도 승려의 교육에 필요한 교재 전체를 번역하신 희대의 교육자이자 사상가로서 탄허 스님이 번역·간행하신 경론은 총 18종이고 권수로는 무려 78권이나 된다.

그런데 아이러니하게도 스님께서 일반인들에게 알려진 것은 '미래를 예측하는 예언자' 같은 측면이다. 이는 본질보다는 말단의 현상, 그리고 가십거리에 휩쓸리기 쉬운 세태를 반영하는 듯하여 씁쓸하기 그지없다.

그러나 당시의 시대 상황을 보면, 이를 우리 국민의 가십만으로 치부할 수 있는 그리 간단한 측면만은 아니었다. 1961년 군사 쿠데타를 통해 1963년 집권에 성공한 박정희 대통령은, 이후 어수선한 국가를 안정시키고 발전시키는 데 많은 노력을 경주한다. 이로 인해 1967년 재선에 성공했다.

그러나 1969년 삼선개헌을 단행하고, 1971년 3번째인 제7대 대통령에 당선되면서 문제가 시작된다. 오랜 집권과 독재로 인해 국민의 지지가 시들해지자, 1972년 10월에 영구집권이 가능한 유신헌법을 선포하고 12월에 제8대 대통령으로 재취임하기 때문이다. 이승만 대통령이 초대 대통령에 한해서는 영구집권이 가능하다고 했다가, 1960년 4·19혁명이 일어났던 역사를 망각했던 것일까?

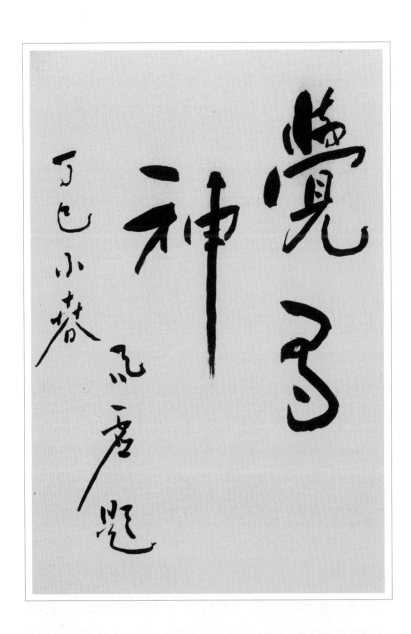

각유신覺有神

丁巳 小春 呑虛 題
깨달음에 신묘함이 있다.
정사년 봄 탄허 제(題)

1972년 참다못한 대학생들의 시위가 극렬해지자 계엄령이 선포되고, 이후 브레이크 없는 질주가 시작된다. 1973년 김대중 납치사건과 1974년 2차 인혁당 사건, 그리고 1975년 장준하 의문사 사건과 1979년 10월 20일 부마항쟁 등은, 마침내 10월 26일 김재규의 박정희 저격으로 대단원의 막을 내리게 된다. 72년 말부터 79년까지 7년간의 대혼란 시대가 펼쳐졌던 것이다.

혼돈의 시대, 새로운 방향을 말하다

1972년부터 시작된 사회적 혼돈은 권력을 지키려는 이들에 의해, 점점 더 격랑 속으로 빠져들게 된다. 이런 상황에서 우리 국민의 새로운 가능성을 제시해 주고자 했던 인물이, 당시 국방대학원 교수였던 장화수이다. 장화수 교수는 1974년 탄허 스님을 찾아뵙고 국가와 민족의 미래에 대해서 큰스님의 고견을 묻게 된다. '한반도의 대사상' 인터뷰는 이렇게 시작된 것이다.

이때 탄허 스님은 당시로서는 이해하기 힘든, 향후 대한민국의 비상飛上과 한국인이 세계를 주도할 것이라는 강렬한 미래

비전을 제시한다. 유비가 제갈량을 찾자 제갈공명은 농사일을 놓고 '천하삼분지계天下三分之計'의 정족지세鼎足之勢를 설파했던 것처럼, 탄허 스님도 평소 생각하시던 우리의 미래를 봇물처럼 풀어 놨던 것이다. 어두운 터널 같던 혼란의 시기에, 탄허 스님의 미래인식은 너무나 희망적이었다. 때문에 이는 세간의 관심을 촉발하며, 이후 도미노 같은 다양한 인터뷰들을 만들어 내게 된다.

당시는 볼 것이 귀한 시절이며 또 어수선한 시기이기 때문에, 문자화되는 것에는 많은 부담이 따르게 마련이었다. 그러나 스님은 전혀 주저함이 없었고 판단에도 두려움이 없었다.

이런 과정에서 1977년 당시 《조선일보》 주필이었던 선우휘와의 3일간의 대담이 이루어지게 된다. 이 대담은 1월 18일·19일·20일에 걸쳐서 진행되었는데, 이는 신년 벽두에 전면을 채우는 방식으로 《조선일보》 대서특필되었다.

매체가 부족하던 시기에 《조선일보》의 위력은 가히 압도적이었다. 당시는 《조선일보》에 한 줄만 실려도 상품의 매출이 바뀐다.'는 말이 있을 정도였다. 그런데 그 핵심을 장장 3일간이나 탄허 스님이 장식했던 것이다. 이로 인해 스님은 일시에 전국민의 관심 대상으로 강렬한 조명을 받게 된다. 이런 내용들이 후일 단행본으로 묶여진 것이, 바로 1980년에 예조각에서 출판되는 『부처님이 계신다면』이다.

탄허 스님이 내다 보신 미래

탄허 스님 예언의 핵심에는 '대한민국이 멀지 않은 미래에 반드시 떨치고 일어나리라'는 한민족 웅비의 기상이 강하게 배어 있다. 스님은 미래에는 한국인이 세계를 주도하며, 우리나라가 세계의 중심이 될 것이라고 단언하였다. 또 이에 걸맞는 세계적인 정신 지도자가 한국에서 나온다고도 하셨다. 이는 1970년대의 현실에서는 상상하기 힘든 장밋빛 환상 같은 말이었다.

그런데 이런 예언에 무게가 실리게 되는 것은 탄허 스님의 예측이 역사적으로 적중하고 있었기 때문이다. 스님은 1950년 한국전쟁의 발발을 예측해서, 사전에 두루 알리고 오대산 스님들의 피난을 주도했다. 그리고 1960년에는 4·19를 예견했으며, 베트남 전쟁에서 당시는 누구도 예상하지 못했던 미군의 패배를 확언했다. 이외에도 1968년 '울진·삼척 공비 사태'의 발생을 사전에 인지하고 대비했으며, 1976년에는 중국 마오쩌둥(모택동毛澤東)의 사망을 단언했다.

이런 상황들이 존재하고 있었기 때문에 스님의 예측을 간과할 수 없었던 것이다. 이로 인해 탄허 스님의 한반도 비상飛上 예언은 당시 암울한 현실과 더욱 선명하게 대비되면서, 우리 국민들에게 많은 위안과 희망으로 작용하게 된다.

또 탄허 스님은 미래에는 빙하가 녹고 지구의 지각에 막대한 변동이 생기면서, 지진으로 인해 일본의 2/3가 바닷속으로 침몰하며 서해가 융기하는 서해안 시대가 열릴 것을 예측하기도 했다. 또 이와 같은 변동 과정에서, 중국과 러시아가 충돌하며 만주가 우리 영토가 된다고도 하셨다.

이러한 예측은 아직까지 실현되지는 않고 있다. 그러나 당시는 일제강점기의 억압을 거친 세대가 다수였다. 또 박정희 정권에서 고구려의 기상을 강조해, 만주의 회복을 부르짖으며 다물多勿 논의가 활발했던 상황이었다. 이런 점에서 스님의 예언은 마치 청량제와 같은 역할을 하게 된다. 이와 같은 '미래적 희망 제시'와 '예언의 실질적인 검증' 그리고 '대리만족'까지 복합적인 시너지 효과가 발휘되면서, 스님은 단기간에 도선 국사나 무학 왕사와 같은 위상을 확보한다.

1977년 이후 탄허 스님과 관련해 미래 예측에 대한 관심이 집중된 이후에도, 스님은 박정희 대통령이 금속에 의해서 돌연 사망할 것을 예언한다. 또 1979년 10·26 이후에 새롭게 집

약인若人

약인요득풍지자 천지도래일장중

若人了得風之自 天地都來一掌中

丁巳 夏 呑 虛

만일 그 누구라도 바람이 어디서부터 일어나는지를 안다면
천지는 모두 손바닥 안에 있을 것이다.

정사년(1977) 여름 탄허

권하는 인물은 김대중·김영삼·김종필의 '3김'이 아니라고 단언했다. 이런 예언들 역시 모두 정확하게 들어 맞았다.

탄허 스님은 예측·예언을 하시기는 했지만, 이런 것은 '도道'가 아니며, 그저 말단의 '술術'인 잔재주일 뿐이라고 하셨다. 즉 예언은 방편이며 본질이 될 수 없다는 것이다. 그러나 스님에 대한 일반인들의 인식에는 이 부분이 가장 크게 부각되곤 하였다. 당신께서 부정하신 것과 달리, 세상의 관심이 쏠리기에 너무나 좋았던 상황이 존재했던 것이다.

대한민국과 우리 민족이 세계를 주도할 것이라는 탄허 스님의 예언은 1970년대의 현실에서는 분명 누구나 생각하기 어려운 발언이었다. 또 서해안 시대의 개막과 북방으로의 확대를 강조하신 부분은 1988년 노태우 대통령의 북방외교라는 결실로 맺어지게 된다. 실제로 2천년대 초반 탄허 스님께서 주석하시던 월정사를 방문한 노태우 전 대통령은, 당신의 최대 성과인 북방외교의 판단이 탄허 스님의 영향이었음을 당시 주지였던 정념 스님에게 말하기도 했다.

이렇게 놓고 본다면, 탄허 스님의 미래적인 통찰은 국가의 운영과 우리 민족의 미래에 상당한 영향을 미쳤다는 것을 알 수 있다. 실제로 스님의 예언이 맞춘 빈도수는 당신께서 낮춰 본 『요한계시록』이나 노스트라다무스의 예언집인 『모든 세기

탄허의 예언과 그 불꽃 같은 생애

(Les Centuries)』와 비할 바가 아니다. 이는 단순한 예지의 문제가 아닌, 높은 수행과 화엄학의 깊은 식견에 의해 미래를 내다보는 통찰이 탄허 스님에게 존재했기 때문에 가능했다고 하겠다.

탄허 스님의 적중한 미래 예언

탄허 스님은 오랜 참선 수행과 불교의 화엄학으로 완성시킨 『주역』과 『황극경세서』 등의 동양학東洋學적인 통찰력으로 미래를 내다보곤 하셨다. 이렇게 적중시킨 예언을 경주 동국대 불교학과 교수인 김성철은 「탄허 스님의 예지, 그 배경과 의의」(『한국불교학』 제63집, 2012)라는 논문을 통해 정리하고 있다. 이를 알아보기 쉽도록 간략하게 재정리하면 다음과 같다.

정확하게 맞춘 예언들

❶ 1950년 한국전쟁의 발발을 사전에 예감하고 스승 한암 선사를 통도사로 모시고자 했음.

❷ 1960년 4·19가 일어날 것을 예견하고, 이후 전세계적으로 과거의 유산들이 서서히 청산되어 갈 것을 말씀하심.

❸ 1960~1975년의 월남전에서 미국이 패배할 것을 예견함 (이것은 당시로서는 도저히 이해될 수 없는 말씀이었음).

❹ 1968년의 '울진·삼척 공비 사태'를 사전에 예감하고, 당시 필생의 역작으로 번역 중이던 『신화엄경합론新華嚴經合論』의 원고를 삼척 영은사로 옮김.

❺ 1976년 중국 마오쩌둥(毛澤東, 1893~1976)의 사망을 예언함.

❻ 1978년 박정희(1917~1979) 대통령이 금속에 의해서 사망할 것을 예언함(그러나 김재규의 저격 사건은 1979년에 발생했으므로 여기에는 1년의 착오가 존재함).

❼ 1975~1979년에 미국의 카터(제39대 대통령) 행정부가 한반도의 주한미군을 철수하려고 했을 때, 미국은 절대 미군을 철수하지 않을 것임을 장담하심.

❽ 1980년 광주민주화운동 이전에, 얼마 후 많은 희생이 있을 것을 예측함.

❾ 1979년의 10·26 이후 김대중·김영삼·김종필의 이른바 '3김'이 대권을 향하여 각축을 벌일 때, 세 분 모두가 안 되고 제3의 인물이 집권할 것이라고 예측함(1981년에 전두환이 대통령이 됨).

❿ 지진으로 인해 핵폭발이 일어나서 핵보유국, 핵발전소를 가진 나라가 말할 수 없는 피해를 입게 됨(이는 2011년 발생한 동일본의 후쿠시마 제1 원자력 발전소 사고를 떠올리게 한다).

일반적인 예언들

❶ 전 세계적으로 소규모의 전쟁이 계속해서 일어남.

❷ 세계적으로 지진과 해일이 다수 발생함.

❸ 불기운이 북극에 들어가서 빙산이 빠르게 녹게 됨.

❹ 바다의 물이 불어나 일본과 아시아 국가들을 휩쓸게 됨
  (이는 아시아의 다양한 쓰나미 재앙을 떠올리게 한다).

우리 민족의 미래와 관련된 예언들

❶ 우리나라의 미래가 가장 밝으며, 앞으로 세계사의 모든
  문제는 우리나라에서 시작되고 종결된다.

❷ 한반도의 서쪽과 관련된 서해안의 시대가 열리게 될 것
  이다(서해인반조西海人半朝).

❸ 세계적인 정신적 지도자가 한국에서 나타난다.

❹ 한국인이 세계를 주도하게 된다.

❺ 우리나라가 산유국이 될 것이다.

지구의 지각변화와 관련된 예언들

❶ 기울어진 지축이 바로 서게 된다.

❷ 일본은 ⅔가 바닷속으로 침몰한다.

❸ 미국이 가라앉아 대부분의 영토가 거대한 호수로 변모하게 된다.

❹ 서해가 융기하고, 중국과 러시아의 대립과 갈등이 폭발하는 과정에서 만주가 우리 영토가 된다.

2

인도불교의
여섯 가지
신통과 작동원리

영화 〈매트릭스〉와 두 개의 세계

1999년 개봉된 영화 〈매트릭스〉는 흥행과 철학성이라는 두 마리 토끼를 잡은 희대의 명작으로 세계인들에게 깊은 인상을 남기게 된다. 이로 인해 2003년에 〈매트릭스2-리로디드〉와 〈매트릭스3-레볼루션〉이 개봉되었으며, 2021년에는 〈매트릭스4〉가 개봉 예정되어 있다. 실제로 〈매트릭스〉는 우리나라에서 2016년과 2019년에 재개봉되는 기염을 토하기도 한다.

20년 넘게 계속되는 영화는 〈스타워즈〉나 〈슈퍼맨〉 등의 시리즈를 제외하고는 흔치 않은 일임에 틀림없다. 그런데 〈매트릭스〉는 철학적인 문제의식이 강인한 인상을 남긴 영화임에도 이와 같은 위상을 확보하고 있는 것이다.

〈매트릭스〉는 '깨어 있는 실재의 세계'와 '매트릭스라는 허상의 세계'라는 두 개의 세계를 말한다. 이를 두 개의 세계, 즉 '이원론二元論적 세계관'이라고 한다.

이원론적 세계관은 유럽과 중동 및 인도의 주류 민족인 아리안족의 사고와 관련된다. 이들은 실재와 허상이라는 두 세계를 설정하고, 우리가 사는 세계를 허상으로 규정하며 완전한 실재의 세계를 추구하는 모습을 보인다.

플라톤이 『국가』 권7의 '동굴의 비유'에서, '그림자 세계'와 '태양의 세계'라는 두 세계를 나타내는 것, 또 불완전한 이 세계에 대비되는 초월적인 실재인 이데아에 대한 추구 등은 희랍의 이원론적 세계관을 잘 나타내 준다. 인도불교에서 이는 고통만이 가득한 사바세계와 깨달음에 의한 해탈과 열반의 경계로 대비된다. 또 대승불교에서는 이 세계인 차안과 이상향인 피안으로 대별되는데, 이와 같은 이원론적 인식을 간략히 정리해 보면 다음과 같다.

이원론적 세계관의 대비

	허상	진실
〈매트릭스〉	매트릭스의 세계	실재 세계
동굴의 비유	그림자 세계	태양의 세계
질료와 형상	현실 세계	이데아
초기불교	사바세계	해탈과 열반
대승불교	차안(이 세계)	피안(저 세계)

네오의 각성과 인도불교의 신통

영화 〈매트릭스〉는 주인공인 네오의 각성을 중심으로 전개된다. 네오의 각성이란, 실재 세계의 인식을 매트릭스에 투영해서 매트릭스 안에서의 고정관념을 넘어서는 것이다. 마치 꿈속에서 꿈이라는 것을 자각하고, 꿈을 자신의 방식대로 조절하는 것이라고나 할까?!

매트릭스 안에서 네오는 날아오는 총알을 멈추고, 하늘을 나는 등의 기적과 같은 신통을 선보인다. 그러나 그것은 사실 실재 세계의 자각을 통해서, 매트릭스의 고정관념 속에 구속되지 않기 때문에 일어나는 현상일 뿐이다.

기적은 신과 같은 인과因果를 벗어난 초인과超因果의 존재가 개입되어, 도저히 이해될 수 없는 말 그대로 밑도 끝도 없는 홀연한 변화를 의미한다. 이에 비해서 네오의 힘은 매트릭스의 범주를 넘어서 있을 뿐, 이 역시 인과의 법칙 속에 존재하는 것이다. 즉 이는 매트릭스 너머의 인과가 존재하는, 인과의 범위에 따른 차이일 뿐이다.

마치 평면 위의 개미를 사람이 집어서 이동시키면 개미는 이를 초인과超因果의 기적으로 판단할 수 있지만, 인간의 관점에서는 그저 인과선상에 존재하는 것일 뿐인 것처럼 말이다.

탄허의 예언과 그 불꽃 같은 생애

즉 매트릭스 안의 사람과 주인공 네오의 인과 범위가 다르게 작동할 뿐, 이것이 인과 초월은 아니라는 말이다.

인도불교가 말하는 신통도 이와 같다. 그래서 불교에는 기적은 없고 신통만이 존재할 뿐이라고 말하는 것이다.

명상 즉 깊은 선정에 든 수행자는 이 세계 속에 존재하지만, 외부의 각성된 에너지를 사용할 수 있다. 이것이 이 세계 속에서 구현되면 이 세계 속 사람들에게는 신통으로 인식되는 것이다. 마치 네오의 매트릭스 안에서의 행동이 매트릭스 속 사람들에게는 신통으로 이해되는 것처럼 말이다.

인도불교의 여섯 가지 신통

인도불교는 아리안족의 사고인 이원론에 기초하기 때문에,

어느 정도 이상의 수행자는 마치 네오처럼 반드시 신통을 동반해야만 한다. 즉 인도불교에서는, 깨달은 사람은 무조건 신통을 갖추고 있어야만 하는 것으로 이는 선택적 가치가 될 수 없다.

인도불교에서는 깨달은 사람의 신통을 여섯 가지로 규정한다. 이를 신구육통神具六通이라고 하는데, 이는 각각 ❶천안통天眼通·❷천이통天耳通·❸타심통他心通·❹숙명통宿命通·❺신족통神足通·❻누진통漏盡通이다. 이의 의미를 간략히 정리하면 다음과 같다.

❶ 천안통: 거리나 공간적인 제약 없이 볼 수 있는 능력

　　(천리안+투시 등)

❷ 천이통: 거리나 공간적인 제약 없이 들을 수 있는 능력

　　(천리이+작은 소리 등)

❸ 타심통: 다른 사람이나 존재의 마음과 생각을 읽는 능력

　　(사람+동물 등)

❹ 숙명통: 시간적으로 전생과 내세의 일을 아는 능력

　　(개별사건+역사 등)

❺ 신족통: 육체가 공간의 제약을 넘어서는 능력

　　(하늘을 낢+작거나 커짐+벽을 통과함 등)

　　　　　　　탄허의 예언과 그 불꽃 같은 생애

❻ 누진통: 모든 번뇌를 소멸하고 진정한 자유인 깨달음을 완성하는 것(아라한)

육신통을 3명6통이라고 하는데, 육신통 중에서도 천안통·숙명통·누진통이 특별히 밝은 지혜의 속성에 속한다고 해서, 이들 세 가지를 '3명明'으로 특칭해서 부르는 것이다. 즉 육신통 안에서 특화된 것이 바로 삼명인 셈이다.

삼명과 육통의 관계

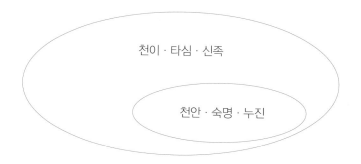

천이 · 타심 · 신족

천안 · 숙명 · 누진

육신통 중 앞의 다섯 가지는 완전한 깨달음에 도달하지 않은 과정 중의 사람들도 성취할 수 있다. 이는 마치 〈매트릭스〉의 주인공 네오가 아니더라도, 다른 실재 세계의 각성인들 트리니티 등도 매트릭스 속 사람들이 볼 때는 신통을 갖추고 있는 것과 같다고 하겠다.

풍동어하처 風動於何處

고인운 풍동어하처 동어동처 아저리불연 동무소동
차도 여고인소운 동야부동야 양구운 이
古人云 風動於何處 動於動處 我這裏不然 動無所動
且道 與古人所云 同也不同也 良久云 咦　　　吞虛
옛 분이 말하기를 바람은 어느 곳에서 일어나는가? 바람은 일어나는 곳에서 일어난다.
그러나 나는 그렇지 않다. 일어나지만 일어나는 바가 없다고 말하겠다.
자, 말해보시오. 옛 분이 말한 것과 같은가 다른가? 한참 있다가 말하였다. 이(咦)　탄허 그러나 네오만이 완전히 각성해서 매트릭스의 수호자인 스미스를 이기게 된다. 이 네오만 갖춘 능력이 누진통이라고 이해하면 된다. 즉 누진통은 아라한과 같은 깨달은 존재만 성취하는 능력으로, 앞의 다섯 신통을 넘어서는 최후의 신통, 즉 '신통 중의 신통'이라고 하겠다.

인도불교의 선정과 천상 세계의 관계

인도불교에서는 명상을 통해서 선정의 1단계인 초선初禪을 증득하면, 색계色界라는 신들의 천상 세계인 초선천初禪天의 에너지를 이곳에서 쓸 수 있게 된다고 말한다. 2단계인 이선二禪과 3단계인 삼선三禪 그리고 4단계인 사선四禪의 에너지는 점차 강력하며, 보다 높은 천상 세계(이선천→삼선천→사선천)의 에너지를 쓸 수 있도록 허용된다. 즉 이들 수행자는 이 세계 속에 존재하지만, 명상과 선정의 힘을 각성해서 마치 〈매트릭스〉의 네오와 같은 신통을 발생시킬 수 있는 것이다.

실제로 사무색계四無色界라는 최고층 신들의 세계는, 각각 공무변처空無邊處·식무변처識無邊處·무소유처無所有處·비상비비상처非想非非想處라고 하는데, 여기에는 모두 '처處'라는 장소,

즉 천상 세계라는 개념이 존재한다. 그러나 이 명칭은 동시에 공무변처정空無邊處定·식무변처정識無邊處定·무소유처정無所有處定·비상비비상처정非想非非想處定이라고도 불리운다.

그런데 이때는 장소로서의 '처' 뒤에 선정으로서의 '정定'이라는 글자가 존재하는 것을 알 수 있다. 즉 특정한 선정 상태, 예컨대 비상비비상처정에 도달하게 되면 이 세계 속에서도 비상비비상처라는 천상 세계의 에너지를 사용할 수가 있게 되는 것이다.

이것이 바로 인도의 수행자는 수행의 깊이에 따라 무조건 신통을 갖추게 되는 이유가 된다. 즉 네오가 매트릭스 속에서도 외부 세계를 각성하는 힘으로 신통을 보이는 구조가 인도불교 속에도 그대로 존재하는 것이다. 아니 그보다는 이와 같은 인식은 아리안족의 이원론적 세계관에 따른 공통인식이라고 하겠다.

탄허 스님의 미래 예측과 통찰이 어떤 방식을 사용한 것인지는 명확하지 않다. 그러나 스님이 참선을 오래도록 수행한 대선사라는 점에서, 이와 같은 인도불교적인 신통 방식은 한 정당한 해법으로 이해될 수 있는 측면이 존재한다.

탄허의 예언과 그 불꽃 같은 생애

3

중국철학의

우환의식憂患意識과

미래 예측

중국 최고의 경전인 『주역』

『주역』은 유교의 『논어』와 도가 및 도교의 『노자』보다도 더 높이 평가받는 중국철학의 최고 권위 고전이다. 실제로 『주역』은 『역경』으로 불리며, 『서경』·『시경』과 더불어 삼경으로 평가되는 경전의 대표성을 가진다.

물론 『논어』도 후에 13경(『역경易經』·『서경書經』·『시경詩經』·『주례周禮』·『예기禮記』·『의례儀禮』·『춘추좌씨전春秋左氏傳』·『춘추공양전春秋公羊傳』·『춘추곡량전春秋穀梁傳』·『논어論語』·『효경孝經』·『이아爾雅』·『맹자孟子』) 중 하나로 편입되어 예우를 받고, 『노자』도 『도덕경道德經』으로 존칭되지만, 이들은 태생적인 경전의 권위를 가지는 책들은 아니다.

또 『주역』은 유교와 도가 및 도교를 관통하는 중국문화 전체의 최고 권위를 가지는 경전이다. 이는 유교적인 당위성이 강한 『논어』나, 도가 및 도교적인 권위가 큰 『노자』와는 다른 『주역』만이 가지는 독보적인 위상이다.

실제로 『주역』의 탄생과 관련해서 전해지는 얘기는, 복희씨伏羲氏가 팔괘를 그리고 신농씨神農氏가 괘를 겹쳐서 64괘로 만들었으며, 문왕文王이 괘에 설명을 붙여 괘사卦辭를 만들자 아들인 주공周公이 세부 설명인 효사爻辭를 지어 완성했다는 것이다. 여기에 후일 공자가 십익十翼(「단전彖傳 상·하」·「상전象傳 상·하」·「계사전繫辭傳 상·하」·「문언전文言傳」·「설괘전說卦傳」·「서괘전序卦傳」·「잡괘전雜卦傳」의 7종 10전傳)이라는 10가지 논설論說을 붙였다고 한다. 물론 이는 다분히 신화적인 이야기이므로 사실일 개연성은 낮다.

그러나 이를 통해서 우리는 '복희→신농→문왕→주공→공자'라는 중국문화와 관련된 최고의 성인이 다섯 분이나 『주역』과 밀접하게 연결되어 있는 것을 알게 된다. 즉 『주역』이야말로 최고의 성인 다섯 명이 공동으로 완성한 경전 중의 최고 경전이라는 상징성을 가지고 있는 것이다.

점서占書, 점 책으로서의 『주역』과 교훈서로서의 변모

『주역』은 본래 주나라의 역법易法, 즉 점치는 책이라는 의미이다. 주나라 이전의 고대국가인 하夏나라와 은나라 때도 각각 『연산連山』과 『귀장歸藏』이라는 점서가 있었다고 한다.

점은 오늘날에는 미신으로 치부되지만, 진시황 때까지도 점은 인간에게 이로운 과학과 같은 범주에서 다루어졌다. 이와 같은 점에 대한 인식은 후대까지도 일정 부분 유지된다.

실제로 우리가 흔히 점집에서 마주하게 되는 동전을 던지는 점법인 척전법擲錢法은, 퇴계 이황이 고안한 방식이다. 이후로도 율곡이나 다산 등 『주역』과 관련된 긍정적 저술을 남긴 분들은 셀 수 없이 많다.

그러나 인간의 이성이 발달하는 춘추전국시대가 되면 점은 잘 맞지 않는다는 것을 자각하게 된다. 이로 인해, 점은 맞추는 것보다 세상에 대한 통찰을 통해서 교훈을 삼는다는 의미(의리역義理易)로 재해석 되는 방향으로 발전한다. 물론 이와 더불어 점은 치고 맞추는 것이라는 관점(상수역象數易)도 함께 하게 되었음은 당연하다.

다만 점치는 것은 하열하고, 점을 통해서 세상의 변화를 이해하고 스스로를 반성한다는 인식이 더 크게 작용했다는 점이 주목된다. 이 때문에 『주역』은 중국이 후일 합리적인 관점으로 바뀐 뒤에도, 계속해서 문화적인 영향력을 확보하며 최고 경전이라는 권위를 유지할 수 있었던 것이다. 마치 바둑을 단순

탄허의 예언과 그 불꽃 같은 생애

히 놀이나 스포츠로 볼 수도 있지만, 이를 세상을 읽는 교훈의 눈으로도 이해할 수 있는 것과 유사하다고 이해하면 되겠다.

사실 이와 같은 생각은 동아시아에서는 서예書藝나 검도劍道 등에서도 확인되는 인식이기도 하다. 바로 이러한 시원에 『주역』이 자리잡고 있는 것이다.

『주역』의 우환의식과 긍정적 미래학

공자는 「계사전 하」에서 "『주역』을 지은 사람에게는 우환(근심)이 있었던가?(作易者 其有憂患乎)"라고 적고 있다. 복희와 함께 『주역』의 최대 찬술자로 꼽히는 주나라의 문왕은 은나라 말 서백西伯의 제후 신분으로 있었다. 그러다 당시 은나라의 군주인 주제紂帝에게 의심을 사 7년간 유리옥에 갇히게 된다. 이때 『주역』의 64괘에 대한 설명인 괘사를 지었다고 한다. 이러한 배경 때문에 『주역』에는 우환의식, 즉 근심이 깔리게 된다.

그러나 『주역』은 현재의 우환에만 매몰되는 책이 아니다. 『주역』은 이와 같은 문제가 되는 현재를 극복하고 변화되는 새로운 미래를 역설한다. 즉 현재에서 언제나 조심하면서 최선을 다하면, 미래는 반드시 바뀐다는 것이 『주역』의 핵심 교훈이라고 하겠다. 이런 점에서 『주역』은 우환의식을 내포하고 있는 긍정의 미래학이라고 할 수 있다. 바로 이와 같은 측면 때문에 임진왜란 중 이순신이 옥에 갇히게 되자, 점을 보고 위안을 얻었다는 말이 있는 것이다.

18세에 『주역』에 통달했던 탄허 스님

뒤의 탄허 스님의 생애 속에서 자세하게 쓰겠지만, 스님은 출가 전에 『주역』을 500번이나 읽었다는 『주역』의 대가이다. 18세 때 처가에서 소를 팔아 『주역』을 사주자, 집에 들어오지 않고 글방에서 춤을 추며 미친 듯이 읽었다는 일화는 유명하다.

사마천의 『사기史記』 권47 「공자세가孔子世家」에 따르면, 공자가 책을 묶은 가죽끈이 3번이나 끊어지도록 읽었다는 "위편삼절韋編三絕"의 책이 『주역』이 아니던가? 또 공자는 『논어』의 「술이」에서, 『주역』은 나이 50이 돼서 봐도 늦지 않은 심오한 책이라고 평가한다. 그런데 탄허 스님은 불과 18세에 『주역』에 통달한 위대한 철학자요, 대사상가의 기상을 보이고 있는 것이다.

또 『주역』과 관련해서 스님은 중국 역사상 최고의 점술가로

향상일로向上一路

向上一路(향상일로)

呑虛

향상의 한 길(절대 진리의 한 길).

탄허

도 평가받는, 북송 시대의 철학자 소강절이 쓴 『황극경세서皇極經世書』에도 조예가 매우 깊었다. 이외에도 서세동점의 격랑이 몰아치던 1881년 김일부가 『주역』을 재편해서 찬술한 『정역正易』에 대한 연구도 무척 대단하다. 실제로 탄허 스님은 『정역』에 대한 말씀을 종종 하시곤 했는데, 이는 스님의 관점 정립에 『정역』의 영향이 적지 않았음을 의미하는 것이다.

탄허 스님은 『주역』과 『황극경세서』, 그리고 『정역』이라는 변화의 시대에 변화를 이해하는 동아시아의 최고의 고전과 지혜를 출가 전에 이미 통달하고 있었다. 이는 탄허 스님의 이 세계의 변화 이해와 관련해서, 미래적인 예언과 연결되기 쉬운 측면이라는 점에서 주목된다.

일원론과 미래적 희망

중국문화는 인도문화처럼 두 개의 세계에 따른 이원론이 아닌, 하나의 세계만 인정하는 일원론—元論의 관점을 견지한다. 이로 인해 중국철학은 다른 세계의 에너지를 이 세계 속에서 사용하는 신통보다는, 마음을 어떻게 먹느냐에 따라서 현상에 대한 인식이 바뀐다는 유심주의로 흐르게 된다. 인도불교에서는 극락이 서방 즉 서쪽에 실재하는 엄연한 세계라면, 중국불교에서는 마음 한 번 돌리면 극락이 여기에 있다는 유심주의적 해법을 도출하게 되는 것이다.

하나의 세계만 존재하는 일원론에서는 죽어도 다른 세계로 갈 곳이 존재하지 않는다. 그렇기 때문에 죽은 조상은 사당과 위패 속에 존재하며, 정기적으로 음식인 제물을 공급받게 된다. 또 신선과 같은 이들도 그들만의 다른 세계가 존재하는 것이 아니라, 이 세계의 연장선상에 존재하는 산과 같은 특수공간에서 바둑을 두고 있는 것이다.

일원론 속에는 이 세계 밖의 다른 세계가 존재하지 않기 때문에, 어떻게든 이 세계를 변모시켜야 할 필연성이 강하게 존재하게 된다. 이원론적 세계관 속에서는 이 세계가 마음에 안 들면 꿈에서 빠져나가듯이 로그아웃하고 나가는 것도 가능하다. 그러나 단일 세계뿐인 일원론 속에서는 이것이 불가능한 것이다. 그러므로 현 세상이 내키지 않는다면, 그것은 뜯어 고치지 않으면 안 된다. 이것이 바로 맹자가 「이루離婁 상(上)」에서 말하는 "천명미상天命靡常"의 혁명이며, 미래적인 변화이다.

『주역』의 「계사전 하(下)」에는 그 유명한 "막히면 변화하고 변하면 통하게 되며, 통하면 오래 유지된다(궁즉변窮則變 변즉통變則通, 통즉구通則久)."는 구절이 있다. 이는 막힌 현실을 변화시켜 개

혁하고, 이를 통해서 새로운 미래가 도래하게 한다는 의미에
다름 아니다.

탄허 스님의 세계에 대한 변화 인식과 긍정적인 미래관은
중국문화에 따른『주역』과 일원론적인 세계관과 무관하지 않
다. 즉 스님은 우리 국민에게 군부독재 치하의 당시의 우울했
던 현실을 미래의 희망으로 극복하는 복음 메시지를 예언이라
는 이름으로 주었던 것이다.

탄허의 예언과 그 불꽃 같은 생애

4

화엄 사상과

선수행을 통한

직관적 영지靈智

당나라의 지배이데올로기 화엄 사상

『삼국지』로 유명한 삼국시대가 막을 내리면서 중국은 위진남북조(221~589)라는 370여 년에 이르는 오랜 분열기를 거치게 된다. 이를 마감하면서 등장하는 통일왕조가 바로 수隋나라이다. 그러나 수는 '오랫동안 분열된 국가는 통일 후 재분열하려는 속성이 있다.'는 역사의 법칙을 넘어서지 못한 채, 불과 38년 만에 멸망하고 만다. 또 역사에는 '재분열 왕조의 다음에 등장하는 왕조는 번영한다.'는 법칙도 있는데, 여기에 맞춤한 왕조가 바로 다음의 당나라이다.

당나라의 번영으로 중국은 비로소 서방의 로마를 압도하면서 세계 최강국으로 등장하는 기염을 토하게 한다. 이 시기 중국이 번영할 수 있는 배경을 마련해 준 사상이 바로 다양한 문화와 민족 및 사상을 한데 융합하는 대통합의 철학인 화엄 사상이다.

화엄은 획일성에 의한 통합이나 중간의 적절성에 따른 통합을 지양하고, 모든 다양성을 다양한 그 자체로 통합하는 인류가 선보인 가장 원융한 철학 체계이다. 또 화엄 사상은 '일즉다一卽多 다즉일多卽一(하나 속에 일체가 들어 있고, 일체 속에 하나가 들어 있다)'하며 '상즉상입相卽相入(거울이 서로를 되비추듯, 서로가 서로 속에 존재한다)'하는 다양성을 인정하는 평등의 세계관을 정립한다. 실제로 화엄 사상은 유연한 세계관과, 이를 통한 끊임없는 변화를 인정하고 수용하는 것이 최대의 장점으로 평가된다.

그런데 탄허 스님은 바로 이 화엄 사상의 현대적인 최고의 대종장大宗匠이신 분이다. 이런 점에서 본다면, 스님의 세계 변화에 대한 인식과 예지에는 화엄 철학의 깊은 통찰이 작용할 개연성도 존재한다. 즉 거시적이면서 동시에 미시적인 화엄의 철학 속에서, 탄허 스님은 우리의 미래를 밝게 비추어 보았던 것은 아닐까?!

참선을 통한 밝은 직관지直觀知

탄허 스님은 화엄학의 대가인 동시에 평생토록 참선을 행하신 진정한 수행자이다. 이는 다음과 같은 정광 스님이나 서우

담거사의 진술 등을 통해서 확인해 볼 수 있다.

정광: 스님은 보통 저녁 아홉시가 되면 별일이 없으시면 주무십니다. 그리고 밤 열두 시나 새벽 한 시가 되면 일어나십니다. 일어나시면 세수를 하시고, 간단한 스트레칭을 하시고서는 바로 참선을 두세 시간 하십니다.

서우담: 자정에 일어나면 아침에 식사하실 때까지 꼭 참선을 하셨습니다. 일생을 했습니다. 그 선지의 경지라는 것은 헤아릴 수가 없어요. 선에 관한 모든 서적은 다 뒤졌고 당신이 실제로 그 경험을 했습니다.

중국불교 선종의 참선에서는, 인도불교와 같은 신통주의는 긍정되지 않는다. 선종은 일원론적인 세계관을 배경으로 하기 때문에, 신통이 작용할 별도의 공간이나 세계가 존재하지 않기 때문이다.

실제로 중국의 무협 소설 등에서 확인되는 모습들은 모두가 고도로 숙련되어 일상을 넘어서는 것으로, 이는 인도의 신통과는 결이 다르다. 〈매트릭스〉의 주인공 네오는 하늘을 날 수 있지만, 〈와호장룡〉의 주인공 주윤발은 대나무에 끝에서

탄허의 예언과 그 불꽃 같은 생애

학해무변 學海無邊

學海無邊(학해무변)

呑虛

학문의 세계는 끝이 없다.

탄허

다른 끝으로 이동할 뿐인 것처럼 말이다. 즉 중국의 고수는 신통이 있는 것이 아니라, 생활의 달인처럼 특정 기술에 고도로 숙련된 내공 수련자들인 셈이다.

중국의 참선은 신통을 긍정하지 않는다. 그러나 고도의 명상 수련은 당연히 밝은 직관지가 발전할 수 있도록 한다. 이를 '선적 영지靈智'라고 한다. 참선을 오래 하신 분은 화두를 간파하듯, 직관적으로 명확한 판단과 인식에 도달할 수 있다. 마치 구름 없는 맑은 하늘에는 밝은 달이 그대로 투영되어 존재하는 것처럼 말이다.

이런 점에서 우리는 탄허 스님의 예언을 선적 영지의 관점에서 이해해 보는 것도 가능하다. 즉 스님의 미래인식에는 실로 다양한 가능성과, 스님이 출가 전부터 성취하신 여러 학문적인 축적이 동시에 작용하고 있는 것이다.

변화의 시대와 새로운 시대

나말여초의 고승인 도선 국사나 이성계의 왕사였던 무학 대사는 모두 참선을 오래한 선불교의 고승들이었다. 그리고 그와 동시에 이분들은 과거의 시대를 정리하고, 새 시대를 열어

탄허의 예언과 그 불꽃 같은 생애

야만 하는 왕조의 교체기를 사셨던 분들이기도 하다.

탄허 스님 역시 일제강점기를 넘어 해방의 대한민국, 그리고 미군정과 이승만 독재 및 군부독재와 민주화라는 새로운 변화의 물결 속 한가운데를 사셨던 선승이자 화엄가이다. 이런 점에서 스님은 도선 국사나 무학 대사에 비견될 만하다.

특히 도선과 무학이 불교의 가치로 미래 비전을 추동하고 새로운 국가 이상을 제시하고 있는 점은, 탄허 스님의 삶과 무척이나 닮아 있는 모양새다. 스님은 새 시대의 열림인 개벽開闢을 말한다. 그리고 이렇게 열린 새로운 세상은 한반도가 중심이 되고, 한국인이 최고가 되는 세계라고 역설하고 있다.

탄허 스님이 대한민국을 긍정적으로 강조하던 60~70년대만 하더라도, 우리나라가 떨치고 일어나리라는 것을 예상하는 것은 쉽지 않았다. 바로 이때 스님은 가장 아름다운 희망으로, 우리 국민을 북돋고 한국의 가능성을 크게 높이며 그 당위성을 천명했던 것이다.

이는 사회를 계몽하고 바르게 인도해야 하는 종교와 종교인으로서, 가장 바람직한 행동을 한 것으로 이해할 수 있다. 이런 점에서 본다면, 탄허 스님이 예견한 '우리나라에서 세계적인 종교 지도자가 나올 것'이라는 예언은, 왠지 자화상 같은 울림으로 폭넓게 서리는 듯하다.

2부

탄허 스님의
위대한 생애와 시대정신

1

민족의 아픔과
탄허 스님

개방과 폐쇄의 명암

유럽의 근세는, 기독교라는 중세 암흑시대의 폐쇄성을 떨치고 르네상스와 대항해시대라는 개방으로의 전환이다. 이는 유럽이 문명의 한계를 넘어 세계로 도약하는 계기가 된다. 그런데 같은 시기 동양은, 불교라는 상업에서 꽃핀 화해와 평등의 개방 정신을 버리고 유교라는 농업주의의 폐쇄성으로 돌아선다.

열린 문과 닫힌 문의 차이는 결국, 이후의 동양과 서양의 운명을 결정하게 된다. 동아시아의 슬픔은 바로 이렇게 불교를 등지면서부터 시작된 것이다.

아편전쟁(1840~1842) 당시 영국의 4천 군대가 4억이 넘는 중국을 이겼다는 것은, 개방과 폐쇄가 낳은 치명적 결과를 잘 말해 준다. 4천 대 4억이라는 이해할 수 없는 패배자가 중국이라는 것은, 이후 동아시아에 몰아닥칠 비극을 상징한다. 쓰나

　　　　　　　　　　　　　　탄허의 예언과 그 불꽃 같은 생애

미와도 같은 거센 서구적 충격과 너무나도 미약한 동아시아의 대응. 이는 우리나라 역시도 비극의 역사 위를 걸을 수밖에 없게 한다.

중국이 아편전쟁으로 몰락한 이후에도, 조선은 위대한 중국이라는 환상에서 깨어나지 못한 채 오직 중국만을 바라보고 있었다. 이는 조선의 비극이 단순한 우연이 아닌, 오랜 무지의 필연이 만들어 낸 결과물이라는 점을 분명히 해 준다.

조선을 넘어서

조선은 우리 역사에서 가장 암울한 암흑시대였다.

통일신라의 수도인 경주는 인구 100만의 도읍으로 세계 10대 도시를 이룩한다. 이는 당시 세계 최강의 제국인 당나라와 어깨를 나란히 하는 것으로, 신라의 찬란한 문명을 상징하기에 충분하다.

이러한 결과가 오늘날까지 석굴암(석불사)과 불국사 같은 세계적인 문화유산으로 남아 있다. 최고의 문화란 경제적인 안정과 정신력이 빚어낸 걸작품이다. 이런 점에서 석굴암은 작지만, 거인의 위용을 내포하고 있다. 이것이 바로 통일신라의 저력인 것이다.

고려는 고려청자나 고려불화, 그리고 나전칠기와 같은 세계적인 명품을 산출한다. 최고의 명품이란, 경제력에 바탕을 둔 문화적인 성숙이 없이는 이루어지지 않는다. 이런 점에서 우리는 고려가 몽고라는 인류 역사상 최강의 군대를 한 세대 이상 막아 낸 이유를 이해할 수 있다.

중국의 금나라와 남송, 그리고 이슬람과 동유럽의 유수한 제국들을 단숨에 물리친 몽고. 이 몽고를 고려는 근 40여년 가까이 막아 낸다. 그 결과 고려는 국호를 유지하며 자치권을 가지는 독립국의 위상을 확보하게 된다. 이는 경제력에 바탕을 둔 고려불교를 기반으로 하는 고려의 저력이었다. 이러한 고려의 앞선 문화와 영광이 상업을 통해 세계로 퍼져 나갔기 때문에, 우리는 아직도 시대를 넘어 코리아, 즉 고려로 불리는 것이다.

이에 반해 조선에는 특별히 내세울 만한 자랑거리가 없다. 창덕궁이나 종묘를 말하기도 한다. 그러나 창덕궁은 차지하고, 조선의 정궁인 경복궁조차 고려의 궁궐 유적인 만월대보다 규모가 작다. 또 고려에는 어찌 종묘가 없었겠는가? 즉 조선은 고려보다 취약한 사대주의의 나라였을 뿐이다.

흔히 '농자천하지대본農者天下之大本'으로 회자되는 조선의 농

탄허의 예언과 그 불꽃 같은 생애

무무역무無無亦無

無無亦無(무무역무)

吞虛

없다고 하는 무(無)도 또한 없는 것이다.

탄허

업주의와 폐쇄성은, 제대로 된 전쟁 한 번 없이 폐망하는 허망한 조선의 결말로 마무리된다. 러일전쟁과 청일전쟁 같은 주변국의 전쟁은 있어도, 조선이 주도한 전쟁은 단 한 차례도 없었다. 이렇게 허무하게도 조약으로 폐망한 국가가 바로 조선이다.

그러나 조선과 같은 유교주의적인 폐쇄성으로부터 상대적으로 자유로웠던 일본은, 나름의 개방에 성공하면서 점차 새로운 야욕을 내보이기 시작한다. 결국 조선은 심하게 요동치는 국제정세 속에서 갈피를 잡지 못하고, 이렇다 할 대응 한 번 제대로 하지 못한 채 침몰하고 만다. 우리 역사는 그렇게 서구를 모사한 또 다른 야만, 즉 일제강점기를 맞게 된 것이다.

우리 민족 내부의 주체적인 변화가 아닌 외부의 힘에 의한 강제적 변화는, 전통과 현재 속에서 극심한 사회적인 혼란을 초래하게 된다. 이것은 방향성의 상실인 동시에 온갖 악덕惡德이 파생하는 계기로 작용한다.

탄허 스님은 이와 같은 격변기인 일제강점기 초기, 1913년 음력 1월 15일에 태어나셨다. 스님이 태어난 곳은, 전라북도 김제군 만경읍 대동리 257번지였다. 바로 이곳에서 불교의 또 다른 새벽은, 잔잔한 일상의 고요 속에서 그렇게 시작된 것이다.

탄허 스님의 가계家系와 정착

탄허 스님은 부친인 율재栗齋 김홍규金洪奎(1888~1950)와 모친 최율녀崔栗女 사이의 5남 3녀 중 차남으로 탄생했다. 탄허 스님의 집안은 신라의 마지막 임금인 경순왕敬順王 김부金傅(재위 927~935)의 3남인 영분공永分公 김명종金鳴鍾에서 시작된다. 이후 월성부원군月城府院君 김천서金天瑞에 의해 중흥되어, 그의 7대손인 김호金浩가 전라도 만경으로 이주하여 대대로 정착해 살기에 이른다.

시조인 김명종에서부터 치면 탄허 스님의 조부인 김병일金炳日은 44대, 부친 김홍규는 45대가 된다. 만경에서 탄허 스님이 태어나기 위해서는 이러한 인간의 인연에 의한 길고 긴 역사가 필요했던 것이다.

유교의 한계와 새로운 시대

탄허 스님의 조부와 부친은 몰락한 양반인 식자층이었다. 실제로 탄허 스님 역시 조부와 부친에게 전통 교육인 유교 교육을 받는 모습이 확인된다. 탄허 스님 스스로 말한 바에 의

하면, 조부는 유교 공부를 마치는 데 5년이 걸리고, 부친은 10
년이 걸렸다고 한다.

전통적인 유교 교육은 일반적으로 사서四書·삼경三經인 칠서
七書, 즉 『논어』·『맹자』·『대학』·『중용』과 『시경』·『서경』·『역경』을
기본으로 한다. 그러므로 스님의 이 말은, 당신의 집안이 전통
적인 교육환경 속에서의 식자층이었다는 것을 나타낸다.

또 5년과 10년이라는 의미는, 조부가 더 유교적인 인물로 이
분은 유학에만 전념한 전통적인 분으로 이해된다. 이는 부친
이 당시의 신흥종교인 보천교普天敎와 연관된다는 점을 통해서
도 시사 받아 볼 수가 있다.

또 당시는 격변의 시기로 이때의 전통 교육은 관직과 연결
될 수 있었던 조선 시대의 교육이 아니었다. 그것은 그저 문명
인으로서의 필연적인 문화교육 정도에 지나지 않았다. 사회의
변동과 교육제도 등의 변화는 전통의 급격한 붕괴와 새로운
대안의 부재 속에서, 그렇게 흘러가고 있었던 것이다.

부친 김홍규 역시, 당시 유교보다는 새로운 대안으로 대두
된 민족 정서가 강한 보천교에 온 힘을 기울이고 있었다. 이는
탄허 스님 역시 유교적인 교육으로는 삶의 갈증을 해소할 수
없다는 것을 의미한다. 이러한 유교적인 한계는 이후, 탄허 스
님으로 하여금 유교를 넘어서 도가道家와 『노자』·『장자』·『주역』

탄허의 예언과 그 불꽃 같은 생애

의 3현학三玄學으로 나아가게 한다. 그리고 이러한 삶의 흐름
은 또다시 불교라는 진리의 바다로 들어서게 하는 계기가 된
다.

2

부친 김홍규와

탄허 스님의 이름

신흥종교와 보천교

서구적 충격에 대한 조선왕조의 무력한 대응과 몰락은, 선 각자들에 의한 새로운 대안 제시의 움직임을 파생한다. 그 결 과 중 하나가 신흥종교들의 탄생이다.

이때 유교적인 바탕에서 동학東學(창시자: 최제우, 1824~1864) 이, 불교적인 배경에서는 원불교圓佛敎(창시자: 박중빈, 1891~1943) 가, 그리고 무교적인 측면에서는 증산도甑山道(창시자: 강일순, 1871~1909)가 발흥한다. 이 중 증산도 계통에서, 강일순의 죽음 이후 차경석車京石(1880~1936)에 의해 분파된 것이 바로 보천교 다.

보천교는 민족종교를 표방한 신흥종교이다. 한때는 전라도 정읍을 총본산으로 해서, 600만 신도를 칭할 정도(《동아일보》기 사에 따르면 100만)로 교세가 왕성했다. 이는 동학에서처럼 당시 의 시대적인 아픔과 좌절이, 우리 민족으로 하여금 새로운 열

탄허의 예언과 그 불꽃 같은 생애

망을 꿈꾸게 했기 때문이다.

동아시아의 역사에서 왕조의 변동에는, 태평도太平道의 황건적黃巾賊(184)이나 홍수전洪秀全(1814~1864)의 태평천국太平天國과 같은 종교 반란과, 이들에 의한 새로운 왕조를 개창하려는 움직임이 존재하곤 했다. 보천교 역시 이러한 범주에 드는 민족종교이다.

이는 차경석이 차천자車天子 즉 '천자天子'를 표방하고, 장래의 국호를 '시국時國'으로 천명한 것을 통해서 단적인 이해가 가능하다. 그러나 그 구심점 속에는 강한 민족의식이 존재하기 때문에, 외세에 대한 저항과 독립의 지향이라는 부분이 존재한다. 이로 인해서 보천교는 자연스럽게 독립운동과 연결되는 측면이 존재하게 된다. 실제로 해방 이후 보천교인은 일제강점기 독립운동과 관련해서 많은 훈장과 표창을 추서받기도 했다.

부친 김홍규와 보천교

김홍규가 보천교에 입교한 것은 27세 때인 1914년으로 탄허 스님이 2살 되던 해이다. 이후 1921년 2월에는 황해도에서 보천교 활동과 관련하여, 일제에 의해서 42일간 구금된 적이 있다.

보천교라는 종교적인 활동이 일제에 의해 구금으로 연결되는 것은, 보천교가 민족종교로서 반일본적인 행위를 했기 때문이다. 이는 1921년 9월에 있었던 거액의 보천교 치성금致誠金을 상해임시정부에 전달하려고 했던 사건에서도 여실히 드러난다.

또 일제의 입장에서는 민족 정서에 기반해 폭발적인 교세를 보이는 보천교를, 동학농민운동처럼 위협 요소로 보는 것은 어찌 보면 당연하다. 이로 인해 보천교는 이후 일제의 조직적인 탄압에 의해 결국 와해 되기에 이른다.

보천교 치성금 사건과 관련된《동아일보》의 1921년 10월 29일 기사인 '십만 원의 독립자금'은 김홍규의 보천교에서의 위치와 성향을 잘 나타내 준다. 여기에는 보천교 간부들을 감시하던 일제가 김홍규의 집을 수색하여, 마루 밑에서 무려 107,750원의 치성금을 발견한 사실이 기록되어 있다.

그런데 이 돈은 보천교에서 상해임시정부에 전달하려던 군자금으로, 당시 김홍규가 관리하고 있었다는 것이다. 이를 통해서 우리는 김홍규가 보천교의 막대한 자산을 관리할 정도로 핵심 인물이었다는 점과, 보천교가 일제에 대항하는 방법으로

탄허의 예언과 그 불꽃 같은 생애

상해임시정부와 연결되어 있었다는 것을 알 수 있다.

실제로 김홍규는 1914년 보천교 입교 이후 불과 3년만인 1917년에 북도의 재무를 관리하는 북집리北執理가 된다. 또 그 2년 후에는 교단의 재무를 관리하는 목방주木方主로 승격된다. 일반적으로 재무는 조직의 요직이자 실세라는 점을 고려한다면, 김홍규의 보천교에 대한 열정은 무척 대단했던 것으로 판단된다.

또 승격이 빠르다는 점은 교주의 신뢰와 김홍규의 청렴성을 방증하는 것이다. 이는 탄허 스님이 어린 시절을 회상하여, 가세가 어려웠음을 말한 것과 직결되는 측면이기도 하다. 즉 보천교와 민족운동에 치중한 부친의 청렴성은 집안으로서는 전혀 긍정적일 수 없었던 것이다.

또 치성금 사건으로 김홍규는 1차에서 무죄, 2차에서 징역 1년 6월의 유죄를 받고 복역한다. 이는 이 사건이 단순한 종교재산이냐, 독립자금이냐의 관점에 따른 판단 변화로 이해된다.

김홍규의 형량은 당시 함께 검거된 이들 중 가장 높았는데, 이는 일제 역시 김홍규를 이 사건의 최고 핵심 인물로 판단했기 때문이다. 이로 인하여 김홍규는 옥고를 치르게 된다. 그러나 이 사건을 통해, 그의 민족과 독립을 위한 공로가 분명해지

즉심시불 卽心是佛

卽心是佛(즉심시불)

　　　　　　　　吞虛

마음이 곧 부처다.

　　　　　　　탄허

게 되어 2005년 광복절에 노무현 정부는 건국포장을 추서하기에 이른다. 85년 만의 일이었지만, 그것은 분명 국가가 해야 할 떳떳한 일이었던 것이다.

부친 김홍규의 보천교와 국가를 위한 행동은, 어린 탄허 스님에게는 환경적인 곤란함으로 다가오게 된다. 그러나 이를 통해서 탄허 스님은 신흥 민족종교에서 흔히 나타나는 새로운 비전 제시와 융합적 창조원리, 그리고 민족과 민중이라는 의식을 터득하게 된다. 이는 후일 화엄 사상을 통한 동양학의 통체적인 융합과 교육을 통한 계몽으로 나타난다. 즉 탄허 스님은 부친의 활동으로 물질적인 풍요는 잃었지만 그와 동시에 민족적인 정신을 각성한 것이다.

'택鐸'과 '탁鐸'

탄허 스님의 이름은 김금택金金鐸이다. 이름의 한자를 보면 '쇠 금金' 자가 셋이나 들어간 특이한 이름이라는 점이 한눈에 들어온다. 이는 격변하는 현실 속에서, 굳은 신념을 좇는 부친의 강렬한 의지가 내포된 표현이다.

'鐸'의 옥편 발음은 '탁'이다. 의미는 방울이나 요령搖鈴과 같은 것을 지칭하는데, 이름 등에 사용되는 경우 종래에는 택의 발음을 사용하기도 했다. 그러나 현대에 들어와 호적의 전산화가 이루어지는 과정에서, 현재는 탁으로만 통일되어 있다. 또 대법원의 판단 역시 탁으로 일원화한다는 방침이다.

과거에는 같은 한자라도 시대와 지역에 따라서 발음에 차이가 나는 경우들이 더러 있었다. 예컨대 불교의 '四聖諦'는 사성제라고 읽지만, 옥편 발음은 사성체가 되는 경우 등이다. 또 성씨와 관련해서도 이러한 특수성이 발견된다. 가장 대표적인 경우가 김씨다. 일반적으로 '쇠 금', '성 김'으로 알고 있으나, 지명인 김천金川과 김포金浦 같은 경우는 또 김으로 발음되기도 한다.

가장 재밌는 경우는 '葉'이다. 이는 일반적으로는 '엽'으로 발음하지만, 성씨와 관련해서는 '섭'이 된다. 그런데 이를 잘 몰랐기 때문에 이소룡의 스승으로 알려진 섭문과 관련된 영화는 2008년 〈엽문〉이라는 이름으로 개봉되었다. 총 3편까지 나왔음에도 불구하고 이것이 바로잡히지 않았다는 것은, 영화의 내용을 넘어서 또 다른 흥미로움을 부여한다. 이것은 마치 김두환이 아니라 금두환이라고 하는 꼴인데, 그것도 3편이나 이러고 있으니 이 정도면 웃기도 좀 멋쩍은 상황이다.

鐸의 탁 발음 통일은 일견 편리한 것 같다. 그러나 전통의 다양성을 획일화시키는 것 같아 자못 씁쓸하기도 하다. 편한 것은 분명 좋다. 그러나 인간의 정신은 다양성을 통해서 더 크고 원대하게 함양된다는 점도 때론 고려되었으면 한다.

금탁金鐸과 목탁木鐸

택과 탁이 발음에서 차이를 보이기는 해도, 의미적으로 차이가 있는 것은 아니다. 이것은 모두 방울을 지칭하는 것으로, 이는 정확히는 청동기 사회부터 군장이 지니던 권위의 상징을 나타내는 것이다. 〈단군신화〉를 보면 환웅이 천부인天符印 3개를 가지고 내려왔다고 되어 있다. 이를 최남선은 거울·방울·칼로 이해했다. 여기에서의 방울이 바로 탁이다. 오늘날 무당의 방울은 이것이 유전되면서 변형된 가치이다.

본래 탁은 제사장의 지팡이 끝에 달린 봉우리 모양의 금속으로 된 주먹만 한 방울을 의미한다. 고대에는 이것을 흔들어 권위를 세우고, 지배민들을 주목시킨 후 명령을 내리는 용도로 사용했다. 이를 교령敎令이라고 한다.

그런데 이때 사용되는 방울의 외부 금속성 원형질 속에, 나무 구슬을 넣어 다소 둔탁한 소리를 내면 이것을 '목탁'이라 한다. 이는 주로 문관文官과 관련된 일에 사용했다.

또 나무 구슬 대신 금속성 구슬을 넣으면, 이를 금탁金鐸이라고 한다. 이는 무관武官과 관련된 지시에 사용했다. 즉 금탁과 목탁은 거의 같은 용도로 군장의 권위를 나타내고, 계몽하는 목적으로 사용되는 물건인 것이다.

탁과 관련해서 참고적인 내용을 제시하면, 목탁이라는 명칭은 후일 중국불교의 목어木魚가 조선 후기에 우리나라 방식으로 변형되며 사찰에서 사용하는 대표적인 의식 용구 이름으로 정착되는 것이다. 중국이 목어가 형상에 집중하는 명칭을 사용한 반면, 우리의 목탁은 계몽에 따른 신호의 의미를 강조한 변화인 셈이다.

『논어』의 「팔일八佾」에는 공자를 목탁에 비유하는 대목이 있다. 이는 공자가 학문적으로 시대의 계몽자와 선각자라는 의미이다. 그런데 김홍규는 아들을 금탁이라고 지었다. 이는 일제라는 암울한 시대 상황 속에서, 아들 금탁이 무장武裝도 가능한 쿠바 독립의 영웅 체 게바라Che Guevara(1928~1967)와 같은 실천 혁명가가 되기를 바랐던 것이리라.

실제로 후일 탄허 스님은 시대의 계몽자이나 불교 교육의 선구적인 실천가가 된다. 이는 정반왕이 어린 싯다르타가 전륜성왕轉輪聖王이 되기를 바랐으나, 뒷날 출가하여 붓다가 된 것에 비견될 수 있지 않을까? 부친의 뜻대로 된 것은 아니지만, 그 보다 더 위대하게 되었다는 점에서 양자는 분명 묘한 일치를 보이고 있다.

3

한학漢學의

수학과 결혼

전통 학문을 배우다

탄허 스님의 유년 시기 우리나라는, 전통과 현재가 혼재된 극도의 혼란상 속에 존재하고 있었다. 그래서 교육에서도 보수적인 양반이나 경제력이 약한 사람들은 전통 교육을 받고, 중인계층의 신문물에 밝은 사람들은 신교육을 받곤 했다.

서당으로 대표되는 전통교육과 학교로 대변되는 신교육은 오늘날의 관점에서는 매우 다른 두 가지 갈래 길이다. 그러나 당시의 과도기에 이러한 양자는, 오늘날의 동등 학력 구조에서와 같이 동일한 측면으로 인정되고는 했다. 이는 일제강점기에 학제 간의 이동과 편제에서, 한학을 배운 사람들도 상급학교의 진학이 가능한 것 등을 통해서 단적인 판단이 가능하다.

탄허 스님은 유년 시절 조부와 부친으로부터 기본적인 한학을 수학했다. 시골의 가난한 형편에서, 지식은 이렇게 전수되는 것이 일반적이었다. 또 그렇게 또 다른 지식인이 만들어지

　　　　　　　　　탄허의 예언과 그 불꽃 같은 생애

고 있었던 것이다.

김제에서 정읍으로

김홍규는 1924년 출소 후 전라도 정읍으로 이사를 단행한다. 정읍은 보천교의 총본산이 있던 곳이다. 그러므로 정읍으로의 이사란, 본격적인 보천교 활동에 매진하겠다는 의미로 파악해 볼 수 있다. 실제로 이후 보천교의 시대일보時代日報 인수와 관련된 7인에 김홍규가 들어 있으며, 일본에서의 보천교 포교에도 깊이 간여한 것으로 판단된다.

이 시기 탄허 스님은 12세로, 이때는 동네 서당과 조부에 의한 교육을 받던 시기이다. 이렇게 차츰 성장하던 청년 지성은 뾰족한 송곳이 주머니를 뚫고 나오듯(낭중지추囊中之錐), 차츰 남다른 역량을 보이기 시작한다. 그래서 당시 탄허는 '소년재사少年才士'로 점차 이름이 나게 된다.

이 무렵인 1926년 14세의 탄허 스님은 부친의 친구인 충남 보령의 독립운동가 백남구의 소개로, 토정 이지함의 8대 종손인 이용구李用九 집안에 유학하기에 이른다. 이는 학문을 위한 길이었으나, 이후 탄허의 인생에 있어서 이 유학은 운명의 전환점으로 작용하게 된다.

탄허는 또 15세에 변산 월명암에 머물면서 공부할 때는, 절에서 공부하던 양반 자재를 교육하기도 했다. 이제 점차 소년은 청년이 되고, 또 청년을 넘어 성년으로 장성하면서, 학인이 아닌 교사로의 전환을 이루고 있는 것이다. '어려도 사자는 그 기상이 남다르다.'는 말은 바로 이와 같은 경우를 두고 하는 말이리라.

결혼과 데릴사위

이용구 집안으로의 유학은 17세의 탄허 스님이 그 집안의 막내딸인 이복근과 결혼하는 계기가 된다. 당시 이용구 집안은 딸뿐으로 아들이 없었다. 그래서 탄허는 데릴사위로 들어가게 된다. 두 자녀를 두었지만 결혼 생활은 4년 정도로 그다지 오래지 않았다. 도학에 뜻을 두었기 때문이다.

탄허 스님은 정읍으로 이사한 이후에도, 부친이 가담한 보천교의 경제적인 보호를 받은 것 같지는 않다. 그보다는 부친이 보천교에 완전히 투신하면서, 오히려 집안 형편은 더욱더 어려워졌던 것으로 보인다. 이것이 탄허 스님에게는 14~16세

탄허의 예언과 그 불꽃 같은 생애

화리생련 火裏生蓮

火裏生蓮(화리생련)

呑虛

불 속에서 연꽃이 피어나다.

탄허

때 충남 보령으로 주거를 이동하는 동기가 되고, 동시에 결혼 후의 처가살이로 이어졌다. 처가살이는 요즘과 달리 당시에는 매우 수치스러운 것이었다. 이를 감안한다면, 탄허 스님으로서는 당시 부친의 보천교 활동과 헌금, 독립운동 등으로 인하여 피할 수 없는 어려운 환경에 처해 있었다고 생각된다.

유교의 완성

장인인 이용구가 탄허를 택한 것은, 탄허의 잠재적인 그릇과 총명을 보았기 때문이리라. 일반적인 결혼이 아닌 데릴사위라는 점에서, 장인의 탄허에 대한 판단은 매우 중요한 측면으로 작용했을 것이다. 이는 장인이 탄허를 지원하는 역할을 보다 쉽게 할 수 있도록 한다.

결혼 후 탄허는 처가의 후원하에, 인근의 명망 있던 한학자 이극종李克宗에게서 본격적인 학문을 수학하게 된다. 탄허 스님의 한학적 깊이가 원숙해지는 학문의 2단계가 비로소 열리는 것이다. 탄허 스님은 후일 아내와 관련된 일을 회고하면서, 자신을 공부시켜 준 처가를 '은인'이라고 피력하고 있다. 이는 그의 결혼이 학문의 원숙과 연관된다는 점을 분명히 해 준다.

탄허의 예언과 그 불꽃 같은 생애

이극종은 간재艮齋 전우田愚(1841~1922)의 제자인데, 전우는 다산 정약용(1762~1836)의 제자와 손제자(再傳弟子)인 화서華西 이항로李恒老(1792~1868)와 면암勉菴 최익현崔益鉉(1833~1906)의 학풍과 관련된 인물이다. 이는 탄허 스님이 스스로 '다산茶山을 사숙했다'고 한 것을 통해서도 그 일단의 면모를 알 수가 있다.

탄허 스님은 이 시기, '사서삼경 등의 한문학을 수백 번이나 읽고 또 읽어, 통째로 외울 수 있었다.'고 술회하고 있다. 이는 그의 전통학문의 터전이 다져진 것을 의미하는 동시에, 암기라는 전통교육 방식에 매몰되어 있었다는 것을 나타낸다. 이와 같은 터전 위에서 탄허 스님이 끝까지 매진한 것은 『주역』이었다.

탄허는 『주역』을 500번이나 읽었다고 한다. 또 '처가에서 소를 팔아 『주역』을 사주자, 집에도 오지 않고 글방에서 춤을 추며 미친 듯이 읽고 있었다.'는 18세 때의 일화는, 탄허 스님에게 있어 『주역』이 차지하는 위상을 잘 나타내 준다.

『주역』은 유교와 도가·도교의 최고 성전이자, 동양학의 가장 심오한 정수이다. 그래서 공자는 『주역』의 죽간을 엮은 가죽끈이 3번 끊어지도록 봤다고 했으며, 나이 50이 돼서 봐도 늦지 않는 책이라고 극찬했던 것이다.

이후 『주역』의 영향은 위진시대魏晉時代(221~589)의 왕필王弼 (226~249)과 북송시대의 소강절邵康節(1011~1077) 및 정이천程伊川 (1033~1107)을 거쳐, 남송의 주자朱子(1130~1200)에 의해서 집대 성된다. 그리고 이는 조선 유학의 꽃인 퇴계와 율곡을 넘어 정 약용으로 맺어진다.

탄허 스님은 이들의 앞선 연구들을 바탕으로, 자신의 내면 적인 사숙을 통해 자득의 경지에 이르게 된다. 이는 후일 탄허 스님의 세계관과 시대정신, 그리고 한민족의 비전 제시와 연관 되어서 이해될 수 있는 매우 중요한 측면이다.

탄허 스님에게 있어서 『주역』은 단순히 『주역』에서만 그치는 것이 아니라, 소강절의 『황극경세서皇極經世書』로 연결된다. 이 는 탄허의 『주역』이 공자 → 왕필 → 정이천으로 연결되는 『주 역』을 통해서 교훈을 삼는 의리역義理易과, 소강절 → 주자의 점占을 통한 신이성과 연관된 상수역象數易을 겸했다는 것을 의 미한다. 즉 탄허의 『주역』은 의리역과 상수역을 집대성한 측면 인 것이다. 이와 같은 양자의 결합은 유교의 『주역』관을 완성 하는 것으로, 이는 탄허 스님에게 있어서 진리와 더불어 현상 의 문제를 파악하는 핵심이 된다.

또 탄허의 『주역』에 대한 경도는 스님의 학문적인 원숙과 현 상적인 경계를 넘어선 진리에 대한 탐구를 의미하기도 한다.

탄허의 예언과 그 불꽃 같은 생애

그리고 『주역』이 유교학의 정점이라는 점은, 탄허 스님의 유교가 이미 대성大成하여 '그 이상의 가능성' 즉 노장사상으로 전환될 수밖에 없음을 나타낸다.

둥지는 새의 터전이다. 그러나 새는 둥지를 박차고서야 비로소 진정한 터전인 하늘을 만나게 된다. 이것이야말로 새가 새로서 거듭나는 본연의 길이기 때문이다.

4

진리의 열정과
영원의 스승

『노자』와 『장자』로 옮겨진 학문

탄허 스님이 보인 총기와 학문적인 열정은 실로 대단한 것이었다. 그러나 당시는 이미 세상이 변하고 있었고, 전통 교육은 마땅히 쓰일 곳이 없는 과거의 잿빛에 불과할 뿐이었다. 이 때문에 유교의 학문적인 성숙은 현실을 넘어, 자연스럽게 『노자』·『장자』와 같은 철학으로 옮겨가게 된다. 지식인의 시대적 비극이, 오히려 또 다른 정신 속으로 노력하는 사람을 이끌어 들이고 있는 것이다.

탄허 스님은 정치철학의 우회적 표현인 『노자』보다는 형이상학적인 『장자』에 더 깊숙이 매료되었다. 스님이 20세 무렵 『장자』를 3천 번이나 읽었다는 전언은 이를 방증하는 것이다.

물론 이 말을 전적으로 신뢰할 수는 없다. 왜냐하면, 『장자』는 분량이 매우 많으므로 이렇게 하기 위해서는 10년도 더 걸리기 때문이다. 아마도 이 말은 『장자』의 「내편」과 같이 중요한

탄허의 예언과 그 불꽃 같은 생애

부분을 수도 없이 암송했다는 의미로 이해된다. 그렇다고 하여도 우리는 이 말을 통해서, 탄허 스님의 노장사상에 대한 경도가 『장자』를 중심으로 전개되었다는 점만은 명확하게 판단해 볼 수 있다.

일찍이 중국 위진시대부터 『노자』와 『장자』는 『주역』과 함께 '세 가지의 오묘한 학문', 즉 삼현학三玄學으로 불리웠다. 삼현에서의 '삼三'이란 세 가지 텍스트를, 그리고 '현玄'이란 오묘함을 의미한다.

현은 요즘에는 검을 현으로 일컬어지지만, 본래 이것은 '가물 현'이었다. 여기에서 '가물'이라는 의미는, 아득히 멀고 그윽하고 깊어서 가물가물하다는 것이다. 그래서 현은 신묘하고 오묘한 것을 나타낸다. 삼현학이란, 바로 이와 같은 심오한 학문적 추구를 의미하는 것이다.

탄허 스님이 속한 시대적인 한계 속에서의 지식인의 모순, 그리고 내면적으로 존재하는 진리에 대한 욕망은, 인간 탄허로 하여금 노장사상에 침잠하는 결과를 초래한다. 그러나 이 역시 탄허의 마지막 귀결점은 아니었다. 그것은 불완전의 완성, 즉 더 높은 비상을 위한 또 다른 진일보였기 때문이다.

불세사업 不世事業

不世事業(불세사업)

呑虛

이 세상에 드문 사업(불멸不滅의 사업).

탄허

진리에 대한 존재의 의문

『노자』와 『장자』의 수학과 자득으로 인하여, 탄허 스님은 더욱더 깊고 은미한 정신 경계를 확보하게 된다. 그러나 이는 그 너머의 또 다른 갈망과 통하면서 강력한 진리에 대한 갈애를 파생한다. 이 무렵 탄허 스님이 책상을 치면서, '문자 밖의 소식을 알아야 하는데, 이를 깨우쳐 줄 선생이 없다.'는 탄식을 했다는 일화는 당시의 문제의식을 잘 나타내 준다.

『주역』「계사전繫辭傳 하」에는 "궁하면 변하고 변하면 통하며, 통하면 오래간다(窮則變 變則通 通則久)"라는 말이 있다. 이 말처럼 진리에 대한 탄허 스님의 강렬한 갈망은, 동학들과 안면도로 가던 중 김목현과의 대화 과정에서 새로운 변화의 실마리를 맞게 된다.

김목현은 탄허 스님과 진리에 대해서 말하다가 진리를 아는 사람으로 주제가 넘어가자, 상원사 도인인 한암 스님에 관해 이야기해 준다. 이렇게 우연을 가장한 필연은, 또 다시 다음 장으로 탄허의 인생을 이끌어 가게 된다. 유교를 넘어서 노장을, 그리고 그 끝의 갈망에서 탄허는 시대의 선지식인 한암 스님(1876~1951)이라는 태양 같은 등대를 알게 된 것이다.

경허를 넘어선 대성자大成者 한암

한암 스님은 구한말 한국 선불교의 중흥조이자, 명나라 말기의 사상가 이탁오李卓吾(1527~1602)와 비견될 수 있는 경허(1846~1912)에게 선禪적인 가르침을 받은 대선사大禪師(탄허의 표현은 거선巨禪임)이다.

그러나 스님은 비단 여기에서 그치지 않고, 바른 계율 정신으로 일제강점기 일본불교에 의해서 불교가 세속화되는 상황을 막은, 전나무와 같은 기상을 드러내신다. 스승인 경허의 활달한 자유로운 무애행은 제자인 한암에게 와서는 모두 다 탈각된다. 그러나 그 속에는 보다 본질적인 붓다의 맑고 엄격한 정신이 솟구치고 있었던 것이다.

『임간록林間錄』권상卷上에는 중국 당나라의 엇비슷한 시대를 살았던 두 화엄 사상의 대가大家인 청량징관淸凉澄觀(738~839)과 이통현李通玄(635~730) 장자長子에 대한 이야기가 수록되어 있다. 이들은 모두 높고 원융한 화엄의 깨달음을 얻었지만, 행동 방식은 서로 정반대였다.

징관은 매우 엄격하고 절도가 있었다면, 이통현은 원효 대사와 같은 무애행의 실천가였다. 이렇게 깨달음과 실천은 서로 완전히 다르게 나타나기도 한다. 경허와 한암은 징관과 이통현처럼, 바로 그렇게 같지만 또한 그렇게 달랐던 것이다.

우리는 반드시 누가 꼭 옳다고 단정하기는 어렵다. 다만 과거 붓다의 삶에서 보이는 양식과 현대의 노블리스 오블리주를 생각한다면, 한암은 청출어람의 제자임이 분명하다. 경허가 틀에 갇히지 않은 자유로운 영혼이기를 원했다면, 한암은 여기에서 진일보하여 모범적인 군상에서도 본질적 자유는 무너지지 않는다는 유원함을 보이고 있기 때문이다.

『세설신어世說新語』의 「문학 제사文學 第四」에는 배휘裴徽가 약관弱冠의 왕필을 찾아와서, 공자와 노자 사이의 우위에 대해 문답한 내용이 기록되어 있다. 배휘가 "공자는 무無를 말하지 않았는데, 노자는 무의 철학을 끊임없이 전개한다. 왜 그런 것인가?"라고 묻자, 왕필은 "공자는 무를 체득했으므로 따로 무의 필요를 느끼지 못하지만, 노자는 완전히 무에 이르지 못했기 때문에 무를 끊임없이 말하는 것이다."라고 답했다. 이 말은 한암과 경허의 차이에서도 그대로 적용되는 것이 아닐까! 존재의 완전한 자유란 탈속적인 행동에서 나오는 것이 아니라, 존재 그 자체의 고요한 비춤에서 고이는 것이기 때문이다.

일제강점기를 넘어선 4차례의 종정

조선 시대라는 억압 속에서의 불교는, 일제강점기를 맞아 오히려 숨통이 트이게 되는 측면이 발생한다. 이는 일본이 본래 불교국가라고 할 정도로 불교에 대한 믿음이 강한 나라라는 점, 또 일제의 식민지 지배정책에 있어 유교는 배척대상이라는 점에서, 불교는 오히려 활력을 입을 수 있게 되었기 때문이다.

그러나 이러한 일본의 영향은 비록 환경은 열악했지만 청정한 수행 전통을 계승하던 한국불교에 세속화된 대처승(결혼하는 승려)이라는 또 다른 문제를 던지게 된다. 즉 물질적인 풍요가 찾아오자, 그와 동시에 정신적인 해이를 맞이하게 된 것이다.

이 시기 많은 승려가 일제에 경도되거나 기운 것은 어찌 보면 당연한 일일 수도 있다. 그러나 한암 스님은 스스로의 원칙을 통해서 이 문제를 극복하고, 청정한 승풍僧風을 진작하기 위해 최선의 노력을 경주한다.

한암 스님이 1926년 모두가 선호하던 광주(현재는 강남) 봉은사의 조실을 박차면서, "내 차라리 천고에 자취를 감추는 학이 될지언정, 봄날에 말 잘하는 앵무새 재주는 배우지 않겠다(寧爲千古藏踪鶴, 不學三春巧語鸚)."라고 한 것은 유명하다. 이후 한

　　　　　　　　　　　　　　탄허의 예언과 그 불꽃 같은 생애

암 스님은 오대산 상원사에 주석하시면서 1951년 입적하실 때까지 26년 동안 산문 출입을 삼가며, 오직 한국불교를 바로 세우는 일에 혼신의 역량을 발휘한다.

이는 보조 국사 지눌이 당시 고려의 수도였던 개경과 멀리 떨어진, 순천의 송광사 결사를 통해 고려불교를 바로 세우고 무너지는 고려를 일으키려고 했던 것과 비견된다. 한암의 노력은 비록 멀리 오대산에 있었지만, 그 청량한 기상은 서울과 일제강점기를 휩쓸고도 남는 것이었다. 이 때문에 한암 스님은 이후 한국불교사상 유래가 없는 4차례의 종정에 오르게 된다.

한암 스님이 처음으로 종정이 되는 것은, 1929년 조선불교 선교양종에 의한 7인의 종정(당시는 교정敎正) 추대 때이다. 이후 1935년에 선학원에 의해서 조선불교선종의 종정 3인으로 추대된다. 이 두 번의 종정 추대는 오늘날과 같이 1인 추대가 아닌 여러분들이 함께하던 복수제의 시절이다. 그런데 그럼에도 불구하고 두 번의 추대에서 중복되는 분은 오직 한암 스님 한 분뿐이었다. 이는 당시 한국불교 안에서의 한암 스님에 대한 지지와 위상을 잘 말해 준다.

한암 스님이 3번째로 종정에 추대되는 것은 1941년 조선불교조계종朝鮮佛敎曹溪宗이 성립되면서이다. 조선불교조계종은 일제강점기 일제가 인정한 유일한 통합 종단이었다. 1941년 6

월 15일자 『불교시보佛敎時報』 제71호 등에 보도된 기사를 보면, 당시 본사 주지들의 한암 스님에 대한 지지는 단연 압도적이었다. 그리고 마지막으로 한암 스님은 해방 후인 1948년, 또다시 조선불교의 종정(교정)으로 추대된다.

일제와 해방을 넘어 오대산의 은자隱者로서 청정의 표상이 된 한암 스님은, 시대정신을 넘어서 무려 4차례의 종정이라는 불멸의 위업을 달성하신 것이다. 이렇게 놓고 본다면, 제아무리 세상이 혼탁하더라도 맑고 곧음에 의지하는 사람들과 이를 보는 눈은 언제나 존재한다는 것을 우리는 알 수 있다.

실제로 한암 스님을 종정으로 추대한 일제강점기 본사 주지들은 대다수가 대처승이었다. 그럼에도 종정만큼은 자신들과 달리 청정해야 한다는 관점이 존재했던 것이다. 즉 이때까지만 해도 잘못은 했지만, 부끄러움을 아는 맑은 기운이 남아 있던 시절이었던 셈이다.

젊은 날의 진리에 대한 열정으로 가득찬 탄허에게, 한암 스님의 존재는 암흑의 우주를 밝히는 초신성超新星(supernova)의 빛과 같았다. 탄허는 그렇게 식물이 태양 빛을 따르고, 쇳가루가 자석에 이끌리듯 한암 스님에게로 인도되었던 것이다.

5

한암 스님과

탄허 스님,

그 이끌림의 미학

두 사람의 아름다움

오대산 상원사의 한암 스님을 알게 된 탄허는, 거스를 수 없는 또 다른 열정으로 인도된다. 이 때문에 20세인 1932년, 탄허는 한암 스님에게 한 통의 편지를 보내기에 이른다. 20세 약관의 전라도 유생과 당시 57세로 조선불교선교양종의 종정(교정)으로 있던 노회한 대가의 만남은 이렇게 시작된 것이다.

일반적으로 이런 편지에는 답장이 없게 마련이다. 이는 오늘날로 치자면 젊은 대학생이 교육부장관에게 편지를 한 것과 유사한 정도이기 때문이다. 그러나 한암 스님은 탄허의 편지 속에서, 그의 넓은 그릇과 맑은 선지禪旨를 읽고는 곧장 답장을 띄워 준다. 참으로 아름다운 인연이 아닐 수 없다. 이렇게 시작된 편지는 탄허가 출가하게 되는 22세 때까지 장장 3년간이나 오고 가게 된다.

한암 스님과 탄허 스님의 나이를 초월한 아름다운 인연은,

탄허의 예언과 그 불꽃 같은 생애

1810년 25세의 나이로 연경사절단을 따라간 추사 김정희의 일화를 상기시킨다. 당시 추사는 당대 최고의 학자인 47세의 완원阮元(1764~1849)과 78세의 옹방강翁方綱(1733~1818)을 만나게 된다. 완원과 옹방강 역시 일견 불가능할 것 같은 이방인과의 만남을 수락하고 추사의 기재를 한눈에 알아보았기 때문이다. 이로 인해 추사는 이후 완원과 40여 년간 제자의 예로써 배우며, 완원을 기리는 완당이라는 호를 사용하기도 한다.

소름 끼치도록 뛰어난 후배

한암 스님과 탄허 스님의 편지글들이 모두 남아 있었다면, 후세의 우리들에게 많은 도움이 되었을 것이다. 그러나 해방과 한국전쟁 또 불교 안에서의 왜색불교 청산인 정화과정에서 많은 부분이 산일되고, 남은 것은 극히 일부분에 불과하다. 그런데 이 중 한암 스님의 초기 편지 중에 다음과 같은 내용이 있어 주목된다.

보내온 글을 두 번 세 번 읽어 보니 참으로 좋은 일단의 문장이요, 필법이라. 구학문이 파괴되는 때를 당해서, 그 문장의 예시와 의미가 어찌나도 부처님 글처럼 매력이 넘치던지 먼저 보내온 글과 함께 산중의 보장寶藏으로 여기겠노라.

공公의 재주와 덕행은 비록 옛 성현이 나오더라도 반드시 찬미하여 마지않을 것이니, 있어도 없는 듯하고 차 있어도 비어 있는 듯이 노력하니, 어느 누가 그 드높은 품격을 찬탄하지 않겠는가!

여기에서 한암 스님은 탄허 스님의 전통적인 한문 문장력을 극찬하고 있다. 이는 1558년 당시 과거를 준비하던 23살의 율곡이, 강릉의 오죽헌으로 가던 길에 도산서원을 찾아 퇴계를 만났을 때를 상기시킨다.

당시 퇴계의 나이는 58세로 이미 학문적인 원숙기에 들어 있었다. 그러나 퇴계는 소년 천재로 이름난 젊은 율곡을 존중으로 맞이해 준다. 이야말로 원숙한 겸손이 익은 인격의 발로라고 하겠다.

이때 퇴계는 율곡을 두고 "후생가외後生可畏(뒤에 태어난 후배가 두렵다)"라는 최고의 칭찬을 아끼지 않는다. 이 말은 『논어』 「자한子罕」에서 공자가 수제자인 안회에게 한 표현으로, 최고의 후배에 대한 찬탄이다. 요즘 말로 치면 '소름 끼칠 정도의 후배'라고나 할까?!

탄허의 예언과 그 불꽃 같은 생애

박시제중 博施濟衆

博施濟衆(박시제중)

吞虛

사랑과 은혜를 널리 베풀어서 중생을 구제하다.

탄허

이 해 겨울 별시에서 율곡은 청나라까지 명성이 떨치는 과거 답안인 〈천도책天道策〉을 시작으로, 무려 9번의 장원급제(구도장원공九度壯元公) 행진을 시작한다. 노대가老大家의 따스함이 힘이 되었던 것일까? 이는 탄허 스님이 이후 한암 스님을 찾아 출가를 단행하게 되고, 학문적으로 대성하는 것에 비견될 만하다.

입지立志의 탄허 스님

탄허 스님과 한암 스님의 관계는, 탄허라는 빈 병에 한암이라는 물이 그대로 옮겨 부어졌다기보다는, 이미 입지가 서서 한암 스님을 찾은 탄허가 더욱 성숙하게 진일보한 것이라고 할 수 있다. 즉 새로운 시작이라기보다는 새로운 도약이라고 보는 것이 맞는 것이다.

〈증도가證道歌〉로 유명한 당나라의 영가현각永嘉玄覺(665~713)은 스스로 깨달음을 얻었으나 31살에 조계산으로 육조혜능(638~713) 대사를 찾아간다. 때마침 혜능이 설법차 법상에 올라가 있으니, 현각은 석장을 들고서 법상을 3번 도는 법거량으로 인가印可를 받게 된다. 그리고는 곧장 떠나려 하자, 혜능이 법

탄허의 예언과 그 불꽃 같은 생애

상에서 뛰어내려 등을 어루만지며 "하룻밤 묵고가라."고 했다. 이래서 생긴 별명이 '일숙각 一宿覺', 즉 하룻밤만 묵은 깨달음이다.

부처님께서는 "바다가 짠 것을 알기 위해서, 바닷물을 전부 마셔 볼 필요는 없다. 단지 한 모금이면 충분하다."고 하셨다. 또 중국의 선어록에는 '국 맛을 알기 위해서는 한 숟가락이면 족하다.'고 했다. 탄허 스님의 숙세에서부터 전해진 깊은 선근은 그저 보이는 것이지 오랫동안 갈고 닦음으로써 드러나는 것은 아니었던 것이다.

편지의 감화와 스승에 대한 연모

한암 스님과의 3년간의 편지는 진리에 대한 깊은 갈증 속에서 더 이상 스승이 없던 탄허에게 구원의 빛이 된다. 후일의 탄허 스님은 스스로 '20세 무렵부터 노장을 탐구했는데, 스승이 없어 가르침을 구하다가 한암 스님을 알게 되었다.'고 회상한다. 또 '3년간의 편지로 인하여 연모함이 깊어졌다.'고 술회하고 있다.

이는 유교를 넘어 노장으로 들어갔으나 더 이상의 진전을

보지 못하고 답답함을 느끼던 탄허에게, 한암 스님이 대안이
자 의지처가 되었음을 의미한다. 실제로 탄허 스님은 '마음 달
이 서로 비추었다(心月相照)'는 계합의 의미를 서술하기도 했다.
즉 이제 탄허에게는 실천의 일만이 남은 것이다.

탄허의 예언과 그 불꽃 같은 생애

6

스승을
찾아
상원사로

한암 스님을 찾아서

탄허 스님은 편지를 보낸 초기인 20세 때(1932년), 한암 스님을 찾아 오대산 상원사로 온다. 당시 전라도에서 강원도까지 간다는 것은 말 그대로 큰마음을 먹어야 단행할 수 있는 일이었다. 이를 통해서 우리는 탄허 스님의 진리에 대한 목마름을 느껴 볼 수 있다. 이때 탄허 스님은 동문의 친구인 권중백·차계남과 함께 오게 된다.

그런데 가는 날이 장날이라고 했던가! 이때 한암 스님은 상원사에 안 계셨다. 한암 스님은 1926년 상원사에 들어와서 1951년 입적하실 때까지 무려 26년간을 오대산에서 나가지 않으셨다. 그런데 이런 속에서도 2번 출타하신 일이 있다. 처음은 8년째 치과 치료를 위해서 서울로 간 경우이다. 그리고 두 번째는 경주를 거쳐 통도사로 가서 사형 뻘인 구하 스님과 법사인 석담 스님을 만난 일이다. 그런데 탄허 스님이 처음 오대산으로

탄허의 예언과 그 불꽃 같은 생애

왔을 때가 바로 하필 그 두 번 중 첫째에 해당하는 치과 치료 차 서울에 가셨을 때이다. 실로 기묘한 일이 아닐 수 없다.

요즘에야 치과 치료라는 것이 별일 아니지만, 그때만 해도 이것이 서울에 갈 정도로 보통 일이 아니었다. 게다가 그 치료와 관련된 기간이 왕복을 합쳐 무려 1달이나 걸렸다고 하니, 말 그대로 상전벽해桑田碧海 같은 인상을 준다.

이는 한암 스님이 차를 타지 않고 도보만을 고집하며, 민간에서 주무시지 않고 반드시 절에서 유숙했기 때문이다. 청량 징관은 평생토록 '발은 비구니 절의 먼지도 밟지 않았고, 옆구리는 거사의 평상에 닿지 않는다.'고 한다. 한암 스님 역시 청량 국사와 같은 엄격하게 맑은 분이셨던 것이다.

탄허 스님은 간절함에 1달을 기다려서라도 한암 스님을 친견하려고 했다. 그러나 같은 일행이 있는 상황에서 이는 이루어질 수 없는 바람이었다. 이 때문에 당시 탄허 스님은 일행과 함께 온 것을 크게 후회하고, 다음번에는 반드시 혼자 올 것을 다짐했다고 한다.

역사에 가정은 없지만, 이때 만일 한암 스님을 만났다면 어떻게 되었을까? 아마도 탄허 스님의 출가가 2년 정도 앞당겨졌으리라. 그러나 이것도 인연이라, 탄허 스님의 출가는 이후 2년 뒤를 더 기다리게 된다. 마치 유비가 제갈량을 찾아 삼고초려

하는 심정으로, 다음을 기약하며 탄허 스님은 그렇게 돌아갔을 것이다. 이것은 탄허 스님에게 스승에 대한 그리움이 더욱 더 깊은 열정으로 남게 하기에 충분했다. 그리고 이 기간에 서신은 애틋한 간절함을 타고서 왕복하게 된다.

탄허 스님의 출가

오늘이 아니라도 결정된 것은 반드시 도래하게 마련이다. 탄허 스님의 출가도 그와 같다.

탄허 스님의 출가는 22살 때인 1934년 9월 5일이며, 스승인 한암 스님을 은사이자 계사로 사미계를 받는 것은, 1934년 11월 21일(음력 10월 15일)이다. 이때 받은 법명이 택성宅成 · 鐸聲이며, 탄허는 후일의 법호이다.

탄허 스님의 출가와 관련해서 고중환은, 학문적인 배움을 위해서 3~10년 정도를 한정한 것이라는 주장을 하기도 한다. 그러나 설령 그랬었다고 하더라도 한암 스님과 같은 거목의 그늘에서 벗어날 수 있는 방법은 없었을 것이다. 히말라야 밑에 살면 그저 히말라야를 바라보는 것만으로도, 삶의 만족과 행복의 정취가 스스로 깃들기 마련이므로….

　　　　　　　　탄허의 예언과 그 불꽃 같은 생애

조선불교의 역사에 있어서 가장 안타까운 사건은, 율곡이 금강산으로 출가했을 때가 아닌가 한다. 율곡은 19세인 1544년 3월에 금강산에 들어가 사찰 생활을 하다가, 1년여가 경과한 1555년에 하산하게 된다. 이때 율곡은 그 짧은 시기에도 '생불生佛'이라는 극찬을 들었을 정도로 불교적으로도 천재적인 기재를 발현했다.

또 이 시기와 관련해서 율곡이 머리를 깎고 승려가 되었었느냐의 관점 차이에 따라, 율곡은 이후 문묘에 배향되었다가 빠지고를 반복하게 된다. 물론 율곡학파인 서인과 노론이 집권하는 조선 후기로 가면 이런 문제는 일소되고, 율곡은 삭발하지 않았던 것으로 일단락된다.

만일 이때 금강산에 한암 스님과 같은 태산북두의 거목이 계셨다면, 율곡은 다시는 하산하지 않았을 것이다. 아니 하산하지 못했을 것이다. 그러나 이때 금강산에는 율곡을 품을 정도의 그릇이 없었다. 이것이 이후 불교와 유교의 명암이 갈리게 되는 일대 사건이라고 하겠다.

이로 인해 불교는 조선의 숭유억불이라는 시대상을 극복하지 못하게 된다. 다만 화엄철학의 영향이 율곡에 의해 '이통기국理通氣局'이라는 통국通局의 원리로 나타나게 되었을 뿐이다. 그러나 탄허와 같은 경우에는 한암 스님이 계셨고, 덕분에 한

망적지적忘適之適

忘適之適(망적지적)

　　爲安養佛敎會館

　　　　辛酉 寒際 呑虛

알맞다는 생각까지도 잊어버리다.

　　안양불교회관을 위하여 씀.

　　　　신유년(1981) 겨울 탄허

국불교는 이후 더욱더 풍요로운 발전을 맞이하게 된다.

출가의 기상

탄허 스님이 출가차 오대산 상원사로 온 것과 관련해서, 창조 스님은 다음과 같이 회고한다. "어느 날 나는 참으로 멋진 분을 볼 수 있었어. 푸른 두루마기를 입고 갓을 높이 쓴 젊은 선비였지. 그 분이 바로 탄허 스님이야." 또 비구니 인홍 스님은 "갓을 쓴 선비 한 분이 올라오는데, 마치 귀공자 같았다."라고 회상했다. 탄허 스님은 출가에서부터 뭔가 훤칠하여, 감히 범상키 어려운 푸르른 동방 신사의 창출한 기상이 있었던 것이다.

탄허 스님이 출가하자 동문의 벗인 권중백과 차계남도 이 소식을 듣고 상원사로 출가하게 된다. 탄허는 이미 이들에게 있어, 단순히 친구가 아닌 지남指南(나침판)과 같은 선지식이었던 것이다.

불전佛傳에는 붓다 당시 바라나시의 부호 아들 야사Yaśa가 출가하자, 그의 친구 54인도 붓다를 따라서 출가했다는 대목이 있다. 이는 야사의 선택을 친구들도 존중할 정도의 위치에

야사가 있었기 때문이다. 그런데 이와 유사한 사건이 탄허 스님의 출가에서도 엿보이는 것이다.

택성宅成과 택성鐸聲

탄허 스님의 법명인 택성宅成은 '일가를 이룬다'는 뜻이니, 성취의 의미이다. 택宅은 터진다는 의미로 사용될 때는 탁(터질탁)으로도 발음이 된다. 때문에 택宅은 택鐸과 통한다. 이런 점에서 택성鐸聲이라는 표현이 나오는 것도 흥미롭다.

탄허 스님의 이름이 김금택金金鐸이니, 택성鐸聲이란, 이러한 이름과 무관하지 않을 것이다. 즉 이름이 목탁과 같은 세상을 계몽하는 가치이고, 법명에는 그것이 흔들려 소리를 내는 실천적인 의미가 내포되어 있는 것이다.

이렇게 놓고 본다면, 탄허 스님의 출가는 단절이 아닌 연속이자 확장이었다고 하겠다. 즉 탄허 스님에게 있어서 출가란, 세속을 벗어나는 것이 아니라 또 다른 계몽의 방법으로 세상에 다가가는 실천의 선택이었던 것이다. 이는 후일 화엄 사상의 원융함에 의한 재가와 출가의 회통, 그리고 교육을 통한 이나라의 계몽운동으로 나타나게 된다.

7

스승의

그늘 아래서

상원사 선원에서 정진하다

탄허 스님이 출가한 오대산 상원사는 당시 한암 스님에 의해 주도되던, 전국적으로 명성을 떨치던 선원禪院이었다. 선원은 참선을 통해서 직접적인 깨달음을 추구하는 수행처로 불교 경전을 공부하는 교육시설인 강원講院과는 성격이 다르다.

선원의 특징은 마음을 닦는 것으로, 여기에는 문자적인 사유가 오히려 방해될 수 있다. 이것이 선종禪宗의 문자를 세우지 않는다는 '불립문자不立文字'의 전통인 것이다. 그런데 상원사 선원은 일반적인 선원들과는 달리, 수좌首座들에게도 조사어록祖師語錄이나 경전을 통한 법문이 진행되는 특징을 가지고 있었다. 이는 상원사에 한암 스님이라는 선禪을 중심으로 교학을 아우르는 탁월한 분이 계셨기 때문이다. 즉 이는 한암 스님의 소신에 따른 상원사 선원만의 특수한 가풍이었던 것이다.

탄허 스님은 이곳에서 한암 스님의 지도에 따라, 선禪의 정

탄허의 예언과 그 불꽃 같은 생애

수 속에서 존재의 본질을 관조하게 된다. 그러던 어느 날 한암 스님은 탄허에게, "도道가 문자에 있는 것은 아니지만, 글을 아는 사람은 일단 경을 봐야 한다."며, 경전 공부를 종용하신다. 이러한 권고는 이후로도 몇 차례 더 계속된다.

선원에 온 사람에게 경전 공부를 권한다는 것은 일반적인 것은 아니다. 이는 한암 스님이 탄허의 학문적인 소양이 깊고 자질이 출중하여, 문자를 통해서 문자를 넘어설 수 있다고 판단했기 때문이리라.

탄허 스님은 이때 한암 스님에게 "스님께서 직접 가르쳐 주시면 하고, 다른 스님에게는 배우지 않겠습니다."는 주장을 펴기도 한다. 그러나 체계적인 경전 공부는 선원인 상원사에서는 현실적으로 불가능한 일이었다.

당시 오대산에는 본사本寺인 월정사에 강원이 있었다. 그러나 탄허 스님의 큰 그릇을 월정사 강원으로서는 감당할 수 없었다. 그렇게 해서 탄허 스님은 오대산이라는 한암 스님의 회상을 떠나야만 하는 상황에 직면하게 된다.

스승을 찾다가 스승이 되다

한암 스님이 탄허 스님에게 소개한 강원의 교학적인 스승은, 서울 개운사 대원암에서 경전을 강의하고 있었던 석전 한영石顚漢永(1870~1948) 스님이다. 한영 스님은 일제강점기 일본불교의 세속화에 잠식되던 한국불교의 현실에서, 한암 스님과 더불어 우리 불교의 청정성을 지켜내고자 노력하신 쌍벽이었다. 물론 한암이 선을 중심으로 하는 대선사였다면, 석전은 교학을 중시하는 대종사이자 강백이었다.

한영 스님은 1929년 한암 스님과 함께 조선불교선교양종의 종정 7인 중 1명으로 선출된다. 이후 1932년에는 동국대학교의 전신인 불교전문학교의 교장으로 선임되는 선구적인 교육자였다. 또 해방 후인 1945년에는 조선불교 중앙총무원회에 의해서, 조선불교의 제1대 종정이 되어, 제2대 종정인 한암 스님 이전의 한국불교를 이끌었던 분이다.

이외에도 1913년 5월 한용운이 『조선불교유신론朝鮮佛敎維新論』을 간행하여, 승려들의 결혼을 정당화하려고 하자 이를 강력하게 비판했다. 또 1926년에는 중앙불전의 교육교재로 사용하기 위해 『계율약전戒學約詮』을 저술하여, 일본불교의 영향으로 인해 계율이 무너지는 것을 지켜 내고자 하였다.

탄허의 예언과 그 불꽃 같은 생애

한영 스님은 '석전石顚'으로도 더 유명한데, 이는 추사 김정희 (1786~1856)가 자신과 가까웠던 고창 선운사의 백파긍선白波亘璇(1767~1852)에게 '석전石顚'·'다륜茶輪'·'만암曼庵'이라는 글을 주면서 "훗날 제자 가운데 도리를 깨친 자가 있거든 이로써 호를 삼으라."고 한 데서 유래한다. 이 추사가 지은 이름이 한영 스님에게 전해졌으니, 그러고 보면 추사 역시 범상한 그릇을 멀리 넘어선 인물이라고 하겠다.

이런 점에서 우리는 한암 스님이 아끼는 제자 탄허를 당대 최고의 선지식이었던 한영 스님에게 보내려고 한 이유를 짐작할 수 있게 된다. 초록은 동색이기 때문이다.

그러나 탄허의 한영 스님 사숙私塾은 끝내 이루어지지 못한다. 왜냐하면 이 무렵 상원사에는 강원도 삼본사 연합 승려수련소三本寺聯合僧侶修鍊所(혹 삼본사 수련소)가 개설되면서, 탄허 스님은 한암 스님을 도와 조교가 되어야 했기 때문이다. 스승을 찾다가 돌연 스승이 된 것이다. 이때가 1936년, 출가한 지 만 2년이 채 되지 않은 24세 때의 일이었다.

삼본사 연합 승려수련소의 강사 시절

강원도에는 당시 본사로서 오대산 월정사와 금강산 건봉사 乾鳳寺, 그리고 금강산 유점사가 있었다. 삼본사 연합 승려수련 소의 '삼본사'란 바로 이 세 교구본사를 가리킨다.

이 중 건봉사는 한국전쟁 과정에서 대부분 소실된 채, 민간 인 통제구역으로 묶여서 접근에 어려움이 있었다. 최근 들어 남북 간의 긴장이 풀리면서 참배가 용이해지면서 한참 복구 중에 있다. 유점사와 같은 경우는 북녘에 위치해 있어서, 지금 으로서는 남쪽의 접근은 차단된 상태이다. 이 때문에 현재 강 원도의 교구본사는, 본래의 월정사와 후일 대체되어 들어오는 설악산 신흥사의 두 곳이 존재하게 된다.

강원도 삼본사 연합 승려수련소는 강원도에 위치한 세 본사 에서 연합해, 젊은 승려들을 교육시키기 위해 설치한 교육기관 이다. 이를 상원사에 둔 것은 한암 스님과 같은 탁월한 선지식 의 가르침이 절실했기 때문이다.

탄허 스님의 회고에 따르면, 이때 이 삼본사 수련소가 만들 어진 것은 강원도 도지사가 강원도가 다른 도들을 앞질러 가 기 위한 발전 방향으로 추진한 것이라고 한다. 즉 이때만 하더 라도 불교의 발전이 곧 강원도의 발전이 될 정도로 불교의 위

탄허의 예언과 그 불꽃 같은 생애

위화겸제威和兼濟

威和兼濟(위화겸제)

吞虛

위엄과 부드러움을 함께 갖추어야 한다.

탄허

상이 높았던 것이다.

그러나 당시 한암 스님은 이미 환갑의 나이였기 때문에 이 일을 혼자서는 감당하기 어려웠다. 이때만 하더라도 오늘날과 달라서 환갑이면 상노인쯤으로 인식되던 때가 아니었던가! 그러나 한암 스님은 모처럼 찾아온 불교의 교육기회를 버려둘 수 없었다. 그래서 한문에 능한 제자 탄허가 필요하게 된다. 즉 탄허 스님을 삼본사 수련소의 조교 겸 강사로 두게 되는 것이다.

삼본사 수련소는 1936년 6월에 개설된다. 탄허 스님의 사미계 수계가 1934년 11월 21일(음력 10월 15일 결제일)이라는 점을 감안한다면, 출가한 지 불과 1년 7개월 남짓한 시점이라는 것을 알 수가 있다. 더구나 이 기간마저도 참선을 했고, 경 공부는 하지 않았다. 이는 당시에 탄허 스님이 이렇다 할 불교지식을 갖추지 못했다는 것을 의미한다.

오늘날에야 탄허 스님 하면, 으레 화엄 사상과 선에 밝은 최고의 선지식이라는 인식이 정립되어 있지만 당시에는 전혀 그렇지 못했던 것이다. 물론 상원사 선원에서는 전술한 바와 같이, 한암 스님에 의한 조사어록이나 경전을 통한 법문도 함께 공부되고 있었다. 그러나 이는 체계적인 공부라기보다는 선의 완성을 위한 보조적인 공부였다. 이런 점에서 학문적인 불교

탄허의 예언과 그 불꽃 같은 생애

공부가 되었다고 보는 것에는 무리가 있다. 그럼에도 탄허 스님이 조교가 되는 것은, 당시 상원사라는 선원 안에 삼본사 수련소가 설치되는 초유의 상황에서 한문을 잘 새길 수 있는 문자적인 지식인이 필요했기 때문이다. 물론 여기에는 새로운 교육기관을 운영해야 하는 한암 스님의 입장에서, 천재적인 상좌 탄허가 그만큼 믿음직하고 돈독한 측면이 있었기 때문이리라.

삼본사 수련소에서의 탄허 스님 역할

삼본사 수련소의 입소식은 1936년 6월 1일이고, 수련 승려들은 대략 15명 정도였다. 당시 교과목은 『금강경』과 『범망경梵網經』 등이었다. 또 때에 따라서는 『보조어록』이나 『육조단경』 그리고 『화엄경』과 이통현의 『신화엄경론新華嚴經論』을 수학하기도 했다. 이러한 교과목의 체계를 보면, 전체적으로 동아시아 선불교의 틀에서 벗어나지 않았다는 것을 알 수 있다. 즉 선불교의 완성을 목적으로 하는 교학적인 공부였던 셈이다.

그런데 여기에서 특이한 것은, 『범망경』이 『금강경』과 더불어 기본과목으로 지정되었다는 점이다. 왜냐하면, 『범망경』은 대승계경大乘戒經, 즉 요즘식으로 말하면 윤리학과 관련된 경전이기 때문이다. 이는 한암 스님의 계율을 중시하는 정신이 당시의 교육방침에 반영된 것임을 알 수 있다. 삼본사 수련소의 불교 교육과정에는 깨달음 못지않게 현실적인 실천과 계율 문제 역시 강력한 비중을 차지하고 있는 것이다. 이렇게 계율이 강조되었다는 점은 당시 한국불교가 재가적인 일본불교의 영향 하에 있었다는 점에서, 우리 불교의 정체성과 관련해 시사하는 바가 매우 크다.

삼본사 수련소의 공부 방법은 책을 한 권 놓고 둘러앉아서, 탄허 스님이 한문을 새기면 한암 노사께서 해설과 주석을 해 주는 식이었다. 즉 탄허 스님이 읽고 정리하면, 한암 스님이 내용적인 의미를 가르쳐 주는 이원적인 방식이었던 것이다.

당시는 책이 귀해서 전부가 책 한 권으로 공부를 해야 했으니, 환갑의 한암 노사에게는 탄허와 같이 똑 부러지는 조교가 절실했을 것이다. 이쯤 되면 우리는 한암 스님이 왜 탄허 스님을 붙잡았고, 또 탄허 스님이 출가한 지 얼마 되지 않아서 조교가 될 수 있었는지를 이해해 보게 된다.

삼본사 수련소의 승려들은 낮에는 경전을 공부하지만, 이외에는 이들도 참선을 했다. 즉 교敎와 선禪이 함께 조화를 이룬, 선교겸수禪敎兼修의 가장 이상적인 가르침이 전개된 것이다. 또 기존 상원사 선원의 수좌들은 낮의 수업에 참석해도 되고, 안

해도 되는 자율성을 부여받고 있었다. 그러나 한암 스님이라는 다시 들을 수 없는 분의 가르침이라는 점에서, 수좌들은 한 사람도 빠짐없이 가르침을 경청했다고 한다.

이로 인하여 나중에는 선원의 대중들이 주축이 되어 『화엄경』과 『신화엄경론』을 독송하는, 화엄결사華嚴結社와 화엄산림華嚴山林(『화엄경』 특강법회)이 열리기도 하였다. 이렇게 놓고 보면, 올바른 선지식의 정성스러운 감화만큼 대중을 이롭게 하는 일은 없는 것 같다.

공부에는 어른이 없다

공부하는 과정에서 탄허 스님은 때로 한암 스님과 문장의 해석과 관련해서 충돌하기도 했다. 이와 같은 충돌은 '문법과 같은 한문을 새기는 방법이 우선될 것이냐'와 '불교적인 내용이 선행되어야 하느냐'의 문제였다. 이는 당시 탄허 스님의 한문 실력이 매우 정교했음을 의미한다. 왜냐하면 유교 글과 불교 글은 내용의 차이에 의해 서로 다른 구조를 가지고 있는데, 그럼에도 이를 비판할 정도라면 굉장히 날카로운 안목을 갖추고 있었음을 의미하기 때문이다.

물론 이런 이의제기는 언제나 한암 스님의 뜻 중심이 옳은 것으로 결말이 나곤했다. 그러나 탄허의 주체적인 의지와 충돌은 결국 한암 스님의 불교관이 탄허 스님에게로 고스란히 옮겨 가는 중요한 측면이 된다. 이 과정에서 탄허 스님은 유교와 불교의 차이와 불교적인 관점을 자연스레 익히게 되는 것이다. 그리고 그 불교는 다른 불교가 아닌 한암의 불교, 즉 '선수행을 바탕으로 하는 한암학'이었다. 이러한 과정은 탄허 스님의 불교가 일취월장할 수 있는 중요한 계기로 작용하게 된다.

또 탄허 스님은 이때 '번역의 필연성'과 '교재 보급'이라는 불교 공부의 중요한 두 가지 기본 터전에 대한 인식을 확립한다. 이는 이후 탄허 스님의 인생을 결정하는 가장 중요한 중심축이 된다는 점에서, 한암 스님이 끼친 영향은 실로 지대했다는 것을 알 수 있다.

8

삼본사 수련소를

넘어서

오대산인五臺山人이

되다

삼본사 수련소의 진정한 영웅

삼본사 수련소의 개설을 통해서, 의외로 가장 두각을 나타낸 사람은 아이러니하게도 조교 겸 강사였던 탄허 스님이었다. 일반적으로 듣는 사람에 비해서 읽고 해석하는 사람은 당연히 더 신중하게 마련이다.

또 이때 경을 읽는다는 것이 토를 달면서 읽는 방식이며, 토를 단다는 것은 한문 해석의 절반 이상을 마쳤다는 것을 의미한다. 그러므로 이를 주체적으로 수행했다는 것은 이후 탄허 불교, 내지 탄허사상이 정립되는 초석이 된다. 즉 탄허 스님이야 말로 삼본사 수련소가 배출한 불세출의 영웅이었던 것이다. 이와 같은 과정에서 탄허 스님은 점차 조교의 색이 지워지고, 강사의 색이 강해지면서 대강백으로 거듭나기 시작한다.

실제로 당시 삼본사 수련소에는 후일 종정이나 일대 종장이 되는 효봉曉峰(1888~1966)·고암古庵(1899~1988)·서옹西翁

탄허의 예언과 그 불꽃 같은 생애

(1912~2003) · 탄옹炭翁(?~1947) · 월하月下(1915~2003) 등 내로라하는 선지식들이 즐비했다. 또 이분들의 대다수는 탄허 스님보다 출가를 빨리한 법랍法臘이 높은 선배들이었다. 그러나 이분들 모두 탄허 스님의 한문 실력만큼은 인정했다고 한다.

오대산의 나날, 7년이 공부

탄허 스님은 한암 스님 회상에서, 7년에 걸쳐 기초적인 경전에서부터 선어록의 꽃인 『경덕전등록景德傳燈錄』과 지눌의 제자 진각 국사眞覺國師 혜심慧諶(1178~1234)이 편집한 선어록의 정수 『선문염송禪門拈頌』까지를 마치게 된다. 그리고 최후로 대승불교의 가장 큰 결실로 동아시아 중세철학의 최고봉인 80권 『화엄경』에 이통현의 『신화엄경론新華嚴經論』 40권을 합한 전적을 총 11개월에 걸쳐 수학한다.

80권에 40권이면 전체 120권에 이르는 방대한 분량이다. 그러나 이는 과거의 책 판형과 분할에 따른 측면이므로, 분량 면에서 오늘날의 책 권수에 비할 바는 못된다. 그러나 그렇다고 하더라도 이것이 무척 많은 분량임에는 틀림없다.

이때의 수학은 후일 탄허 스님이 여기에 청량징관의 『화엄경소초華嚴經疏鈔(대방광불화엄경수소연의초大方廣佛華嚴經隨疏演義鈔)』150 권을 더하여, 『신화엄경합론新華嚴經合論』 270권을 완역·출판하는 동인이 된다. 물론 이때는 현대적인 책 판형을 사용했기 때문에 양장본 23권으로 완성되었다.

스승을 넘어선 스승

탄허 스님은 오대산 상원사에서 16년 동안 스승인 한암 노사를 모시면서 불교 공부를 하였다. 이로써 유교를 넘어선 3년 간의 노장 공부, 그리고 소강절의 『황극경세서皇極經世書』까지를 통합하는 화엄의 대통일장 이론을 정립하게 된다. 즉 화엄학을 통해서 동양학을 아우르는 지고의 경지에 이른 것이다. 이는 탄허 스님이 한암 스님과는 또 다른 일가를 이루었다는 것을 의미한다. 한암 스님이 선으로서 교학을 보았다면, 탄허는 교 가운데에서 선을 관통시켰던 것이다.

흔히 '제자가 스승만 하면 그 가르침이 반으로 줄고, 스승을 능가해야 스승의 은혜에 보답한다.'는 말이 있다. 이렇게 놓고 본다면, 탄허 스님이야 말로 스승의 은혜를 보답하는 참제자였다고 하겠다. 호랑이 밑에서는 호랑이가 바람을 부르며 움직

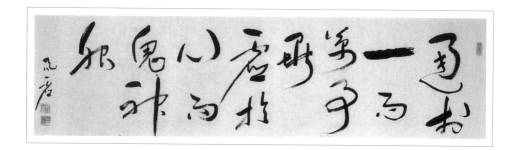

통어일이通於一而

通於一而萬事畢 虛於心而鬼神服

　　　　　　　　　吞虛

하나에 통하면 만사가 모두 통하고
마음을 비우면 귀신도 복종한다.

　　　　　　　탄허

이고, 사자 밑에서는 사자가 천지를 포효하는 법이니, 참으로 그 스승에 그 제자라 이를 만하다.

한암 스님을 모신 16년째의 일화는 한암 스님의 법이 온전히 탄허 스님에게로 갔다는 것을 말해 준다. 1949년 한암 스님은 통도사 극락암의 경봉鏡峰(1892~1982) 스님으로부터, 통도사 해동 수도원海東修道院의 조실로 오십사하는 편지를 받게 된다. 그런데 당시 74세였던 한암 노사는 다음과 같은 답글을 보낸다.

탄허가 학문과 문필이 나보다 천만 억 배나 낫고 또 16년간 나와 함께 정진하였으니, (해동)수도원에 임시로 수좌首座로 두어 두시면 좋은 일이 있을 듯합니다. 그리 알아 처리하여 주십시오.

이때 탄허 스님은 37세였으니, 그리 젊은 나이는 아니지만 그래도 많다고 하기에는 다소 무리가 있다. 그럼에도 한암 스님은 탄허 스님을 추천하고 있는 것이다. 이를 통해서 우리는 한암 노사가 탄허 스님을 깊이 신뢰하고 있었음을 알 수 있다. 즉 당신을 대신할 수 있는 사람이 바로 탄허 스님이었던 것이다. 이는 탄허 스님 또한 한암 노사와 마찬가지로 한 사람의 오대산인으로서 우뚝 서게 되었다는 것을 의미한다.

공자에게는 아성亞聖(준성인)이었던 수제자 안회가 있고, 부처님에게는 법장法將(진리의 장군) 사리불이 있었다. 부처님께서는 『잡아함경雜阿含經』권 45에서 사리불을 극찬하여 "나의 장자長子", 즉 맏아들이라고 했다. 또 같은 책 권22와 23에는 "부처님을 제외하고는 그 어느 누구도 사리불의 지혜에 비교하여 16분의 1에도 미치지 못한다."고 하였다. 이와 같은 사리불의 위상 때문에 용수龍樹의 『대지도론大智度論』권2에는 사리불을 '제2의 붓다'라는 극존칭으로 표현하는 것이다. 한암 스님과 탄허 스님의 관계 역시 부처님과 사리불에 맞춤하다고 하겠다.

스승에 대한 존경

탄허 스님은 후일 한암 스님에 대해 회고하면서, "스님을 10년 이상 모신 상좌가 없지만, 저는 17년을 모시고 배우면서 그분에 대한 존경이 날로 더해 갔습니다."라고 하고 있다. 누군들 스승에 대한 존경이 없겠는가마는, 너무 가까이 오래하면 존경이 식는 것 또한 인지상정일 것이다. 그런데도 한결같은 존경이 유지되었다는 것은 스승도 훌륭하고 제자도 역시 훌륭한 매우 희유한 경우였기 때문이리라.

『논어』「자장子張」에는 가난한 공자에 비해 정치나 경제적인 수완이 좋아 재벌이었던 제자 자공에게, 사람들이 말하기를 "당신이 양보해서 그렇지 사실 당신이 스승보다 뛰어나다."고 말해 주는 대목이 있다. 그러나 자공은 그런 말을 하지 말라고 하며, "나는 담이 낮은 집과 같아, 지나가는 사람들이 집 안을 훤히 들여다 볼 수 있어 쉽게 좋은 것을 아는 것과 같습니다. 그러나 스승님은 담이 높아 문을 찾아 들어가지 않으면, 그 안에 종묘의 아름다움이 있는 것을 알지 못합니다."라고 대답한다.

자공은 공자가 55~68세까지 14년간 천하를 주유할 때 시종했던 제자이다. 그런데도 이런 말을 할 수 있는 것은, 두 사람의 인품이 매우 난숙했기 때문이다. 실제로 자공은 공자가 73세로 사망하자, 다른 제자들이 스승의 무덤 곁에서 3년간 시묘하고 흩어진 뒤에도 홀로 남아 다시금 3년간의 시묘를 더한다. 오늘날까지 중국 산동성 곡부曲阜에 위치한 공자 무덤(공림孔林)에는 자공의 시묘처가 표지석과 함께 보존되어 있다. 두 사제의 눈이 시린 찬연한 아름다운 인연을 전해 주고 있는 것이다. 한암 노사와 탄허 스님의 경우도 능히 여기에 비견될 수 있다고 하겠다.

9

한국전쟁의

참화와 오대산의

한암 스님

한국전쟁을 예견하다

1950년 6월 25일은 임진·병자의 양란 이후 최대의 민족적인 참극인 한국전쟁이 발발하는 때이다. 이때 많은 피해가 발생하지만, 특히나 강원도에 위치한 세 본사는 모두 막대한 재난을 입게 된다. 이는 오늘날까지도 최후의 분단국가 안의 분단도로 남아 있는 강원도의 가슴 시린 운명적 비극이기도 하다.

동란動亂이 터지기 4년 전인 1946년, 탄허 스님은 동양학의 원리와 선禪적인 영지靈知를 통해 전란를 예견한다. 마치 어린 아이에게는 안 보이는 것이 어른이 되면 저절로 이해되면서 보이는 것처럼, 탄허 스님의 높은 식견 속에는 이미 우리나라와 세계가 보이고 있었던 것이다.

탄허 스님은 1946년 양산 통도사를 다녀오다가 본가가 있는 정읍을 들리게 된다. 이때 스님은 스승 이극종과 부친 김홍규

탄허의 예언과 그 불꽃 같은 생애

에게 동란을 예견하며, 그 어느 당에도 가입하지 말 것을 간곡히 부탁했다고 한다.

우리는 한국전쟁 과정에서의 어설픈 정당 가입이 무엇을 의미하는지 잘 알고 있다. 2004년 개봉해서 천만 관객을 동원한 영화 〈태극기 휘날리며〉에서, 여주인공 김영신(이은주)은 보리쌀을 배급받기 위해 보도연맹에 가입했다가 수복한 아군에 의해 죽음을 맞이한다. 이때 영신이 마지막으로 한 "보리쌀 준다고 하길래 가입한 것 뿐이다."라는 대사는 혼란기 민초의 슬픔을 잘 함축해 내고 있다. 이런 점에서 본다면, 당시 탄허 스님은 이미 초월적 경계에서 노니신 분이었다고 하겠다.

전쟁이 갈라놓은 뒤안길

1949년 탄허 스님은 오대산에서도 한암 스님에게 피난을 권유하게 된다. 그러나 한암 노사는 이미 74세라는 달관의 경지에 계셨다. 이때 노사께서는 "좌당생사坐當生死", 즉 '앉아서 생사를 맞겠다.'라고 하시며, 산처럼 움직이지 않으셨다. 전쟁 따위는 이미 동요의 대상이 될 수 없었던 것이다.

그러나 제자들은 스님과는 경지가 달랐다. 그래서 한암 스님은 탄허 스님에게 지시하여, 제자들을 인솔하여 양산 통도사의 백련암으로 옮겨 가도록 하셨다. 이렇게 스승과 제자는, 한 분은 오대산에 남고 한 분은 오대산을 떠나는 서로 다른 길을 걷게 된다.

부처님께서는 최후의 공양으로 금세공업자 춘다의 공양을 받으셨다. 그러나 공양을 받아 보니, 그 속에 실수로 치명적인 독버섯이 들어갔다는 것을 신통으로 알게 된다. 그렇지만 춘다 공양의 본의는 분명 신심 깊은 것이었다. 그래서 부처님께서는 모든 제자들에게는 음식을 먹지 말라고 하시고, 당신께서만 홀로 그 음식을 드신다. 그때 부처님께서 하신, "이 음식은 여래를 제외하고는 신과 인간들 중 그 누구도 소화시킬 수 없다."는 말이, 왠지 한암 스님의 행동과 오버랩 되는 것은 비단 나만의 생각일까!

소크라테스가 아테네인들의 독배 속에 죽은 후, 손제자가 되는 아리스토텔레스 역시 위험에 직면하는 일이 있었다. 이때 아리스토텔레스는 "아테네인들이 두 번이나 성인을 죽였다는 오명을 쓰게 할 수 없다."며, 거처를 옮겼다는 일화가 문득 뇌리를 스친다. 진정한 의리란, 지킴에만 있는 것도 아니고 또 떠남에만 존재하는 것도 아니다. 그렇게 스승과 제자는 서로 다른 위치에서, 서로의 방식으로 동란을 대처하게 된다.

한국전쟁과 1·4 후퇴

전쟁이 나면 '평양에서 점심을 먹고 신의주에서 저녁을 먹겠다.'던 이승만 정권의 호기는 완전히 무너졌다. 이승만은 한강다리를 폭파하면서 비행기로 도망치는, 민족을 등지는 비인간적인 행동을 하기에 바빴다. 그리고 불과 2달여 만에 한국군은 낙동강전선까지 밀리게 된다.

다행히 1950년 9월 15일 맥아더의 지휘 아래 국제연합(UN)군의 인천상륙작전이 성공하면서 전쟁 상황은 급반전한다. 이로 인해 1950년 9월 28일 서울이 수복되고, 10월 2일에는 드디어 38선을 넘어서 북진하기에 이른다. 이후 19일 평양을 탈환하고, 30일에는 이승만의 평양 방문까지 이루어지게 된다.

이 무렵 홀로 남은 한암 스님이 걱정이 된 탄허 스님은, 통도사에서 상원사까지 말 그대로 불원천리를 한달음에 달려온다. 위험이 끝나지 않았음을 알고 있었으나, 스승에 대한 마음이 너무나도 간절했기에 달려온 걸음이었다.

그러나 위기를 느낀 중공군이 1950년 12월 말에서 이듬해 1월 초 사이에 대대적으로 투입되면서 전황이 재차 반전하기 시작한다. 결국 상황이 재역전되면서, 국군과 유엔군이 밀려나게 되기에 이른다. 이것이 유명한 1951년의 1·4 후퇴이다.

이때 한암 스님은 다시금 상원사에 남고, 탄허 스님은 또다시 피난길에 올랐다. 그러나 이때는 이전의 통도사행과는 달리, 이미 폐허가 된 전쟁 통에서의 피난이었으므로 고생이 이만저만이 아니었다.

후일 탄허 스님은 이때 모든 죽을 고생을 다 해 봤다고 회상하고 있다. 이는 민족의 아픔이 모든 국민의 고통과 직결된다는 점에서, 위정자들의 각성과 우리의 정신을 환기시키는 대목이 아닐 수 없다.

상원사를 지켜 낸 한암 스님

1·4 후퇴 과정에서 아군은 북한군에 거점으로 이용될 수 있다는 이유에서, 월정사를 포함한 오대산 전체 사찰의 소각을 명령한다. 이렇게 아군에 의해서, 자장 스님 이래로 1,400년 전통을 유지해 오던 월정사의 21개 동 건물은 한 줌의 잿더미로 변하고 만다. 이때 주불전인 칠불보전七佛寶殿과 804년에 제작된 통일신라시대의 범종인 선림원지 범종(선림원지 출토 신라 범종) 등 초특급의 국보들이 제대로 연구도 되어 보지 못한 채 소실되고 만다. 이제 월정사는 불에 타지 않는 월정사 8각9층

석탑(국보 제48-1호)과 석조보살좌상(국보 제48-1호) 외에는 아무 것도 남지 않는 폐허의 광막함으로 돌아간 것이다.

그러나 상원사는 당시 76세의 한암 노사에 막혀 군인들의 행동이 저지된다. 이 사건은 1·4 후퇴 직전인 1951년 1월 3일에 발생한다. 한암 스님은 상원사를 소각해야 하니, 피해 달라는 군인들의 요청에도 불구하고 가사와 장삼을 수垂(착용)한 채 법당에서 요지부동이었다. 이때 한암 스님께서 군인들에게 하셨다는 말은, 큰스님의 높은 기개와 형형한 정신을 잘 나타내 준다.

너희들은 군인으로 상부의 명령에 따라 불을 지르면 되고, 나는 승려로서 마땅히 절을 지켜야 하는 것이니 망설이지 마라. 어차피 승려는 죽으면 화장하는 것이니, 내 걱정은 말고 불을 질러라.

이 말을 들은 20대 초반의 육군 중위는 스님의 담담한 위엄에 감복되어 절의 문짝만을 태우는 것으로 마무리하고 철수하게 된다. 죽음 앞에서도 초연한 한암 노사의 위엄이야말로 한국불교의 만세사표萬世師表가 되기에 충분하다. 모든 이들이 피난 간 시점에서 홀로 남아 오대산을 지켰으니, 한암 스님이야

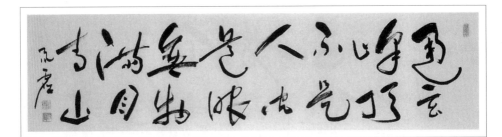

만목청산滿目靑山

通玄峰頂 不是人間
道眼無物 滿目靑山

     吞虛

통현봉의 정상은 인간의 경계가 아니네.
도안(道眼)에 외물은 없나니, 눈에 가득히 청산이 뿐이네.

     탄허

말로 진정한 오대산인이라고 하기에 조금의 손색이 없다.

그러므로 국보 제36호인 〈상원사 동종〉과 세조世祖의 전설이 간직된 국보 제221호 〈평창 상원사 목조문수동자좌상〉 그리고 1984년 7월에 〈목조문수동자좌상〉 안에서 새롭게 발견된 보물 제793호 〈상원사 목조문수동자좌상 복장유물腹藏遺物〉 및 보물 제1811호 〈평창 상원사 목조문수보살좌상〉 등의 성보聖寶들이 지켜지게 된다.

또 당시는 상원사가 오대산 중대 사자암의 적멸보궁을 관리하던 때이다. 이로 인해서 상원사가 지켜졌다는 것은 사자암과 보물 제1995호인 적멸보궁이 지켜졌다는 것을 의미하기도 한다. 더구나 중대 적멸보궁은 적멸보궁이라는 말이 처음으로 사용된 시원처로서, 통도사와 더불어 "고산제일월정사高山第一月精寺 야산제일통도사野山第一通度寺"라는 남북보궁의 위상을 간직한 성지 중의 성지였다. 이런 적멸보궁이 한암 노사의 의기로운 행동으로 국보 2점과 보물 3점과 함께 지켜진 것이다.

이 때문에 2008년 6월 5일, 당시 문화재청장이었던 이건무(재직기간 2008.3~2011.2)는 한암 대종사 앞으로 해서, 상원사를 지켜주신 데 대한 감사장을 보내오기도 하였다.(필요하면 사진제공 가능합니다.) 이는 문화유산의 책임자로서, 고인의 감사에 대한 후인이 취할 수 있는 상징적인 최고의 예우였다.

그러나 문화유산을 지킨 것보다도 그 과정이 더욱 감동적이어서, 이 사실은 고려대 철학과 교수였던 손명현孫明鉉 (1914~1976)에 의해서 '어떻게 살 것인가'라는 제목의 수필로 탄생하기에 이른다. 이 수필은 1975년부터 사용된 고등학교 국어교과서의 「자연과 인생」 항에 수록되면서, 한암 스님의 당당하고 높은 기상은 만천하에 알려지게 된다. 이는 한용운의 '님의 침묵'이나 법정의 '무소유'와 같은 작품이 아닌, 생애가 교과서에 실린 한국 고승의 유일 사례이기도 하다. 또 이 내용은 1961년 1월 선우휘에 의해 『상원사』라는 단편소설로 각색되어 월간중앙에 수록되기도 한다.

손명현은 한암 스님의 입적과 관련된 내용에서 약간의 착오를 범하고 있다. 이하 전문.

1. 어떻게 살 것인가?
이 물음은 실천의 문제다. 그러므로 말하는 사람 자신이 그의 말대로 실천궁행實踐躬行하지 않는 한 천만어를 나열한다 해도 대답이 되지 않을 것이다.

"아침에 도를 들으면 저녁에 죽어도 좋다(朝聞道夕死可矣, 〈논어〉)."

탄허의 예언과 그 불꽃 같은 생애

이 말은 공자가 한 말로, 사람들은 이 말을 어떻게 살 것인가에 대한 훌륭한 대답으로 믿어 온다. 그러나 옛날의 웬만한 유생들이라면, 이 정도의 말은 누구나 할 수 있고, 또 하기도 했을 것이다. 그런데도 특히 공자의 말이 그 대답으로 믿어지는 것은 무슨 까닭인가? 공자의 실천궁행을 생각지 않을 수 없다.

2. 수 년 전에 나는 오대산엘 간 일이 있다. 거기에는 유명한 고찰 월정사와 상원사가 있다. 그런데, 월정사는 불탄 뒤에 새로 지었기 때문에 옛 모습을 볼 길 없었으나, 상원사는 그대로 남아 있었다. 나는 거기서 이 절이 그 전란 속에서도 그대로 남게 된 연유를 들었다.

상원사는 방한암 선사가 주지로서 생명을 마친 곳이다. 6·25 때였다. 국군은 남침하는 침략군을 격퇴하여 북상했다가, 중공군의 개입으로 후퇴하게 되었다. 그때 국군은 이 두 절이 적군에게 유리한 엄폐물이 되기 때문에 작전상 불태우지 않을 수 없는 처지에 있었다. 그래서 국군은 월정사를 불태우고, 상원사로 가 스님들을 피하라고 했다. 방선사는 며칠 동안의 유예를 청했다. 그동안 선사는 스님들을 모두 하산시키고 혼자 남았다. 약속한 날에 국군이 가 보니, 선사는 의자에 단좌端坐한 채 절명해 있었다. 그

장엄한 광경을 본 국군은 그대로 후퇴할 수밖에 없었다. 그래서 상원사는 남은 것이다.

　작전하는 처지에서 보면, 절을 수호한 선사에게나 절을 불태우지 않은 군인들에게나 우리는 다 같이 할 말이 있을 것이다. 그러나 신념을 위하여 신명을 도賭한 선사의 높은 행동, 그리고 비록 군인으로서는 잘못이라 할지라도, 그 높은 행동 앞에 옷깃을 여미고 떠난 그 군인들의 가장 인간적인 행동은 우리에게 큰 감명과 함께, 어떻게 살 것인가에 대한 암시를 줌에 족하지 않은가.

한암 스님의 좌탈입적坐脫入寂

1951년 상원사를 구한 후 얼마 지나지 않은 3월 22일, 한암 노사는 당신의 할 일을 모두 마치셨다고 판단했음인지 앉은 채로 깊은 선정에 들어 고요히 열반에 든다. 열반에 드시던 날 스님은 죽 한 그릇과 차 한 잔을 마시고는 손가락을 꼽아 보며, "오늘이 음력 15일이지" 하신 후 가사장삼을 수하시고는 선상禪床에 단정히 앉으셔서 봄날의 소풍가듯 떠나셨다. 명상이 깊은 수행자는 자신의 의지로 생명의 마지막 끈을 놓아 버릴 수 있다. 그래서 앉아서 열반하는 것과 같은 일이 가능한 것이다.

기독교의 생명관이 신에 의해서 인간에게 생명이 주어진다는 것이라면, 불교의 생명관은 자신의 삶을 자신이 주체적으로 선택하는 것이다. 그래서 기독교에서는 신이 준 생명을 인간이 임의로 끊을 수 없어 자살이 금지된다. 그러나 불교는 자살이 권장되는 것은 아니지만, 나름 용인되는 측면이 존재한다. 사실 모든 깊은 경지의 수행자는 엄격히 말하면 모두 다 자살이라고 해도 과언이 아니다. 왜냐하면 이분들은 스스로의 선택에 의해서 삶을 버리기 때문이다.

붓다도 열반 3개월 전 바이샬리에서 생명이 다 했으나, 제자들을 모으기 위해서 3개월의 수명을 연장하며 쿠시나가라로 마지막 여로를 떠나신다. 이후 쿠시나가라의 사라쌍수 사이에서 최후의 명상 속에 남음이 없는 열반을 선택하셨다.

또 자이나교(Jainism)의 마하비라Mahāvīra(Vardhamāna, B.C. 6~4C 사이) 같은 경우는 살레카나sallekhanā라고 해서 단식사斷食死를 선택한다. 이는 자이나교의 전통으로 오늘날까지도 유전되고 있다. 희랍의 소크라테스 역시 독배라는 죽음의 수용을 택하고 있다. 이런 점에서 본다면, 한암 노사께서 앉아서 돌아가신 좌탈입적 역시, 이러한 연장선상에서 이해될 수 있는 것이다.

그러나 이때는 한국전쟁이 한참 치열한 시기였기 때문에, 제자들이나 탄허 스님조차도 한암 노사의 임종을 지켜보지 못했다. 탄허 스님은 영덕으로 피난 가는 과정에서 한암 노사의 열반을 들었다고 한다. 평생을 존경하며, 17년 동안 모신 스승을 보내는 자리에 가지 못하는 슬픔은 남겨진 자의 또 다른 비극이었을 것이다.

실제로 탄허 스님은 이후 한암 노사의 임종을 지킨 자신의 상좌 만화萬化(법명은 희찬으로 탄허의 수제자임)를 만나자, "네가 노스님의 뜻을 따라 피난 가지 않았기 때문에 스님께서 남으셨다."라며 크게 역정을 냈다고 한다. 이것은 사실 희찬을 질책한 것이 아니라, 스스로에 대한 자책과 회한의 외침이었을 것이다.

뒷날인 1959년 3월 탄허 스님은 상원사에 한암 스님의 비석을 세우면서 다음과 같은 〈비문〉을 적고 있다. "한암 스님의 제자로 보문普門과 난암暖庵이 그 뜻과 행동이 뛰어나 자못 종풍을 떨쳤다. 그러나 나는 (편지를 보냈을 때부터) 20여 년을 모셨으나, 그 문에 들어가지 못했다."라고…. 이는 수제자로서의 겸사인 동시에, 평생을 모신 스승의 임종을 지키지 못한 자괴감의 한 표현은 아니었을까?!

탄허의 예언과 그 불꽃 같은 생애

10

잿더미 속으로의

귀환과 재건

한국전쟁 후의 오대산

한국전쟁은 발발 후 약 3년이 경과한 1953년 7월 27일을 기점으로 휴전된다. 그러나 1·4 후퇴 때 오대산은 한암 노사께서 목숨으로 건진 상원사와 중대(사자암과 적멸보궁)를 제외한, 월정사 본사와 오대암자를 필두로 하는 모든 암자 그리고 사고史庫(사적 제37호)까지 모조리 화염 속에서 초토화되고 만다.

또 전쟁으로 인하여 민중은 더 없이 피폐하고, 한암 스님의 열반으로 오대산에는 이제 거목으로서의 의지처도 없었다. 탄허 스님은 이제 스승의 그림자에서 쉬는 대상에서, 자신이 누군가의 그림자가 되어야 하는 상황에 직면해 있었다. 즉 1,400년의 성지 오대산이 탄허 스님의 두 어깨에 달려 있었던 것이다.

더구나 여기에는 한국전쟁 이후에도 오래도록 끝나지 않은 좌·우익의 이념 갈등, 그리고 스님의 42세 때인 1954년 5월

탄허의 예언과 그 불꽃 같은 생애

20일부터 시작된, 불교내부의 일본불교 청산운동인 정화淨化까지 존재하고 있어 문제를 보다 심각하게 하고 있었다. 즉 만신창이의 오대산은 탄허를 간절히 요구하고 있었지만, 탄허 스님으로서는 운신하기가 너무나도 어려운 시대상황에 처해 있었던 것이다.

탄허 스님의 민중 의식

탄허 스님은 일제강점기와 한국전쟁을 거치면서, 민중의 고통과 이들에 대한 종교의 역할에 대해 많은 생각을 하시게 된 것 같다. 탄허 스님의 특징으로 가장 두드러지는 것은 다른 큰스님들과 대비되는 강력한 민족과 민중의식이다. 이는 민족종교와 관련된 부친의 영향하에서 형성된 것에, 한국전쟁의 아픔이 스며들면서 완성된 것이다.

또 한국전쟁은 오대산의 입장에서도 다시는 복구될 수 없는 피해로 남았다. 이를 민중과 결부시켜 우리 민족의 내일을 생각한 스님의 관점은, 이후 스님이 실천적인 종교인으로서의 삶을 살게 되는 원동력이 된다.

한국전쟁 직후 탄허 스님이 월정사로 돌아와 목도한 것은 폐허를 지키고 있는 월정사 8각9층석탑뿐이었다. 한국전쟁은 탄허 스님에게 오대산과 스승을 함께 앗아간 것이다.

당시 오대산에는 한암 스님께서 몸으로 지켜 낸 상원사와 중대가 있었다. 그러나 산 속의 상원사와 중대는 불교정신을 지키기는 충분했지만, 오대산을 다시금 복구하는 데는 여의치 않은 문제가 있었다. 그래서 탄허 스님은 상원사와 중대를 스님의 정신을 계승한 수제자 만화 스님에게 맡겨 두고, 전혀 새로운 방향을 모색하게 된다.

어디에서부터 시작해야 할지 도통 알 수가 없는 암울함 속에서, 탄허 스님은 그 시작을 삼척 영은사靈隱寺에서 찾는다. 당시 영은사는 탄허 스님의 상좌인 희태 스님이 주지로 있었고, 사세도 제법 넉넉한 편이었다. 탄허 스님은 오대산의 재흥 단초를 바로 이 영은사에서 찾았던 것이다. 탄허 스님의 교육을 통한 불교와 민중교화는 폐허 속에서도 꺼지지 않고, 이렇게 새로운 불씨로 거듭남을 준비하고 있었던 것이다.

불교정화, 그 잘못된 선택

불교정화란, 일본불교의 영향하에 승려들이 결혼하고 세속

탄허의 예언과 그 불꽃 같은 생애

화된 것을 한국불교의 비구승 전통의 수행불교로 되돌리는 것을 말한다. 이는 한국불교의 정체성과 특질 회복에 있어서 반드시 필요한 작업이었다. 그러나 문제는 이것이 한국불교 안에서의 자기노력과 인식 환기로 이루어지지 않고, 이승만이라는 개신교인의 정권을 이용한 책략에 의해서 이루어졌다는 데 문제가 있다.

이승만은 하와이에서 독립운동을 한 분으로, 상해임시정부의 김구가 1949년 6월 안두희에 의해서 암살되면서 일거에 정국을 주도하게 된다. 백범김구는 오늘날까지 우리 국민이 가장 존경하는 인물 중 한 분이다. 그러나 우리의 현대사는 이승만이라는 미국식 인물에 의해서 움직이게 되는데, 이는 1945~1948년이라는 미군정 시기와 결코 무관하지 않다.

이승만은 열렬한 개신교도로, 귀국하기 전 한국을 개신교 국가로 만들겠다는 강렬한 소망을 가지고 이를 피력하는 것을 서슴지 않았던 인물이다. 이러한 이승만이 1948년부터 1960년 4·19 혁명에 의해 물러날 때까지, 대통령으로 있었다는 것은 한국불교사에 참담한 비극이 내포됨을 의미한다.

해방 이후 우리 불교의 청정한 전통을 고수한 독신의 비구승들은, 일본식의 결혼한 승려인 일명 대처승들과 대립하게 된다. 그러나 전체적으로 일제강점기를 거치면서 대처승들이

수적으로 압도적인 우위를 점하고 있었기 때문에 비구승들의 운신 폭은 크지 않았다.

이는 1954년 비구승의 비율이 전체 승려 6,500명 중 고작 4%인 260명에 불과했다는 자료를 통해서 분명해진다. 비구승의 관점이 타당하기는 했지만, 96%인 6,240명의 기득권을 장악한 대처승을 상대로 불과 4%인 260명이 할 수 있는 일은 그저 '계란으로 바위치기'였을 뿐이다.

그러던 것이 1954년 5월 20일 '대처승들은 물러가라'는 이승만의 유시가 발표되면서 상황이 일거에 역전된다. 정권의 지원을 받은 비구승들은 기득권을 유지하려는 대처승들과 격렬하게 투쟁하기 시작한 것이다.

대통령의 유시는 이후 1955년 12월 8일까지 총 7차례나 계속되었다. 불과 1년 6개월 만에 대통령이 특정 종교와 관련해서 7번이나 방침을 지시한다는 것은 누가 봐도 이상한 일이다. 유시의 시작이 휴전 후 불과 10개월 만에 이루어졌다는 점에서, 이는 불교의 분열을 통해서 한국전쟁의 책임을 면하고 국민들의 관심을 돌리려는 정권의 계획과 결코 무관하지 않다.

물론 여기에는 이승만의 개신교에 대한 강력한 의지와 친일세력을 단죄할 수 없었던 당시의 정치적인 현실에서 불교를 통한 친일청산 모습 구현 등의 다양한 측면들이 존재했다. 그러

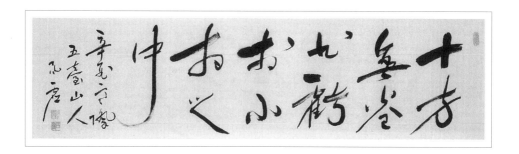

시방무권 十方無卷

十方無卷 非觀於小相之中

辛酉 寒際 五臺山人

吞虛

시방세계를 작게 줄이지 않아도[無卷]

소상[小相], 작은 것 속에 집어넣을 수 있다.

탄허

나 불교는 이와 같은 측면들을 제대로 읽고 대처할 수 있는 상황이 아니었었다.

명분만 남은 대추락

1954년 시작된 불교정화는 1955년 8월에 1차 합의가 도출되면서 일단락된다. 그러나 이 합의가 순조롭게 이행되지 않게 되면서, 이후로도 극심한 대립과 혼란 과정을 무려 16년이나 더 거치게 된다. 그러다가 결국 1970년 5월 9일 대처승들에 의해, 한국불교 태고종太古宗이 등록됨으로써 일제의 잔재 청산과 관련된 16년간의 지난한 분쟁은 일단락된다. 즉 비구승의 조계종과 대처승 측의 태고종으로의 분종에 따른 분리인 셈이다. 그러나 이는 조선조의 불교 전통과, 개화기 이후 쌓아 올린 한국불교의 노력과 결실의 근간을 완전히 무너트리는 역할을 하기에 충분했다.

처음에는 명분으로 시작했으나, 대치와 혼란이 장기화되자 상황은 점차 재산과 이권 다툼이라는 이전투구의 양상으로 치닫게 된다. 이 기간 동안 한국불교는 동산과 부동산 및 무형 문화에 이르기까지 거의 잃을 수 있는 모든 것을 잃어버렸다.

탄허의 예언과 그 불꽃 같은 생애

이는 일제강점기 이후 한국불교가 전체 국가재산의 약 5%를 점하던 것의 대다수를 유실하면서 몰락하게 되었다는 것을 의미한다. 이와 같은 반대급부로 대두하는 것이, 해방 후 불과 50만에 불과했던 기독교의 급성장이다.

일제강점기를 거친 후 친일파 척결이 필연적이듯, 일본불교를 일소하는 정화 역시 한국불교의 입장에서는 불가결한 것이었다. 다만 그것이 내부적인 자정과 자각에 의한 것이 아니라, 외부적인 정권의 의도에 의해서 움직였다는 점에 문제가 있다. 즉 목적은 정당했지만, 수단에 문제가 있었다는 말이다. 마치 구한말 일본의 힘을 빌려 조선을 개화하고 강하게 하려고 했던 개화파의 오류를 한국불교계는 범하고 말았던 것이다.

오늘날 아직까지는 불교정화에 대해서 비판적인 논의를 개진하는 것은 다소 이르다. 왜냐하면 정화의 주체가 상당수 조계종의 기득권 세력으로 남아 있기 때문이다. 그러나 이 사건은 여말선초 불교에서 유교로 지배 이데올로기가 바뀌는 상황(불·유교체)처럼, 한국불교사에서의 큰 혼란이며 머지않은 시점에 재논의와 재정리가 필연적인 사건이라는 점만은 분명하다.

불교정화와 탄허의 정화이념

탄허 스님은 한국불교의 종주인 한암 스님의 계승자로서, 정화과정에서도 막강한 영향력을 행사할 수 있는 위치에 있었다. 그러나 정화에서 탄허 스님의 역할은 크게 두드러지지 않는다. 그 이유는 정화의 목적에는 전적으로 동의했지만, 당시 정화의 방식이었던 폭력성에는 찬성할 수 없었기 때문이다.

입적하시기 전 불교 안에서 정화 논의가 있었을 때, 한암 스님은 비구승을 인정해서 본사를 할애해 주고, 교육을 통해 점진적으로 대처승을 줄여 나가자는 단계적인 온건 안을 제시하셨다. 즉 비구승의 자질을 높이며 교육 계몽을 통해, 더 이상 대처승이 늘어나지 않는 상황에서 점진적으로 바꾸어 나가면 된다는 것이다.

탄허 스님의 정화관 역시 한암 스님을 계승하고 있다. 그래서 폭력이나 법원의 소송과 같은 급진적인 방식보다는 교육을 통한 내부적인 자각에 초점을 맞추는 모습을 보인다. 즉 완만하고 유연한 내적인 반성과 성숙된 인식의 자각이 바람직하다고 보신 것이다. 이는 오늘날의 결과론적인 관점에서 볼 때, 매우 타당하고 올바른 식견이었다. 그러나 당시의 불교 현실은 이러한 선각자의 견해를 받아들이지 않았다.

탄허 스님의 정화에 대한 생각은 당신의 언급을 통해서 살펴볼 수 있는데, 이를 제시해 보면 다음과 같다.

(1차적으로 정화가 일단락된 1955년의) 정화 후 청담 스님하고 같이 앉아서 의논하기를, 대처승하고 싸움은 일단 끝내고 자체 정화를 해야 한다고 주장했다. 그러기 위해서는 전국의 교구본사 단위로 총림을 만들어 승려를 재교육시켜서 내보내야 한다고 말했다.

탄허 스님은 투쟁이 아닌 교육의 정화를 주장하는 것이다. 이는 청담靑潭(1902~1971) 스님과 같은 급진적인 분들과는 의견이 맞지 않는다는 것을 의미한다. 실제로 탄허 스님은 1959년 6월에 청우·경산 스님과 함께, 당시 종정인 동산東山(1890~1966) 스님과 총무원장 청담 스님으로부터 '종단시비 수습대책 전권 대표'로 추천·임명되었다. 그러나 스님은 곧 이를 사퇴한다. 이는 이분들의 급진적이고 강경한 정화가 스님의 뜻과는 도저히 맞지 않았기 때문이다.

청담 스님이 급진개혁자였다면, 탄허 스님은 중도개혁자였다고나 할까! 탄허 스님과 같은 경우는 단순히 '누가 절을 차지하느냐'보다는, '사찰의 진정한 주인은 누구인가?'라는 보다 본질적인 문제에 초점을 맞추고 있다. 이를 위해서는 교육 불사가 가장 시급한 문제라고 지적하고 있는 것이다.

> 일제 36년간 철저한 속화 정책에 편승했던 대처승을 몰아내고 청정도량을 확보하는 데까지는 그 이념이나 목적이 나무랄 데 없이 좋았습니다. … 그렇다고 해서 사찰점령 자체가 정화 목적의 전부일 수는 없는 것처럼, 이것이 승려의 본분 또한 아닌 것은 더 말할 나위도 없습니다. 되찾은 도량에는 보다 청정한 사람들을 들이고, 깨끗한 절을 만드는 것이 곧 정화이념의 구현인 것입니다.

탄허 스님의 이 말은 정화의 목적은 옳지만, 방법에 문제가 있었음을 분명히 하고 있다. 실제로 급진적인 정화방식은 이후 16년간의 강력한 후폭풍을 맞게 되고, 그 잔재의 일부가 오늘날까지도 남아 있는 형국이다. 마치 한국전쟁의 잔재가 지금까지 좌파와 종북 논쟁으로 남아 있는 것처럼 말이다. 이로 인해 불교는 정화에 성공해서 비구승이 주도하는 대한불교조계종이 한국불교를 대표하게 되었지만, 이는 상처뿐인 영광이라는 문제를 내포하게 된다. 즉 요즘 말로 치면, 극심한 '승자의 저주'에 시달리게 된 것이다.

그런데 탄허 스님의 언급에는 정화과정에서조차 끊임없이 교육을 통한 승풍僧風 진작이 암시되고 있어 주목된다. 탄허 스님은 이것이야말로 정화이념의 궁극적인 구현이라고 본 것이다. 이는 탄허 스님이 64세 때 토로하신 말씀을 통해서도 자못 분명해진다.

44년 전 우리들이 출가할 당시만 해도 그때 30본사의 주지 스님들을 보면 우리들보다 훨씬 낫구나! 하는 것을 느꼈어요. 그런데 약 15년 후인 해방 직후에 보니까 승려들의 수준이 좀 떨어졌다 하는 것을 느낄 수 있었어요. 그 후 정화 직후에는 승려들의 질적 저하가 눈에 완연히 보이더군요. 이것이 문제입니다. 날이 갈수록 산으로 들어오는 승려들의 질이 떨어지고 있어요. 공부하기 위해서 오는 것이 아니라 이익을 따라서 오는 것 같아요.

특히 정화 직후에 무식한 승려들을 정화과정에서 싸운 공로만 가지고 공부도 제대로 시킬 틈도 없이 주지로 내보냈어요. 그러니 그 주지가 다시 상좌를 두게 되니… 계속 질이 떨어질 수밖에요.

이러한 탄허 스님의 언급은 정화가 끼친 한국불교의 상흔을 잘 나타내 준다. 물리력에 의지했던 정화는 유형적인 사찰을 얻는 것에는 성공했지만, 불교의 정신을 무너트리는 결과를 초래했던 것이다. 탄허 스님은 문제를 되돌릴 수 없다는 것을 잘 알고 계셨다. 다만 문제의 근원이 무엇이며, 이를 어떠한 방향으로 전환해야 회복되는지에 대해서 언급하였던 것이다. 이와 같은 문제의식으로 인하여, 탄허 스님의 오대산 귀환은 자연스럽게 공부 모임인 오대산 수도원五臺山修道院의 시작으로 연결되기에 이른다.

11

탄허 스님의

오대산 정화,

오대산 수도원

사자獅子의 귀환과 당면과제로서의 화합

탄허 스님이 오대산으로 돌아오셔서 월정사에 정착하는 것은 정화가 일단락되는 1955년 43세 때이다. 그러나 오랫동안 함께한 대처승들을 일거에 일소하는 것은 쉬운 일이 아니었다. 즉 폐허의 월정사를 수습하기 위해서는 무엇보다도 화합이 제일 중요한데, 정화는 화합승가를 너무 많이 무너트려 놓은 것이다.

이를 회복하고 구심점을 확보하는 방식으로 탄허 스님이 택한 방식이 바로 월정사에 오대산 수도원을 개원하는 것이었다. 즉 스님께서는 공부라는 보다 근본적인 불교의 목적을 통해서, 새로운 방식의 화합을 추구했던 것이다. 이러한 위대한 역사를 도운 것이, 바로 스님의 수제자였던 월정사 주지 만화 스님이었다.

탄허 스님의 오대산 수도원은 한암 스님의 삼본사 수련소와 이후의 상원사 수련원 그리고 당신의 삼척 영은사에서의 월정사 재건 관점을 계승한 보다 포괄적이고 큰 구상이었다. 이는 탄허 스님이 단지 승려만을 교육대상으로 삼지 않고, 전국의 뜻 있는 모든 이들을 교육대상으로 삼았다는 것을 통해서 분명해진다. 스님은 이를 통해서, 오대산과 월정사의 복구와 재흥 그리고 이를 넘어 한국불교와 대한민국 전체의 비상을 이룩하고자 하셨던 것이다. 이런 점에서 본다면, 탄허 스님은 세상을 바꾸려고 한 위대한 몽상가요, 동시에 가장 역동적인 실천가였다고 하겠다.

오대산 수도원

오대산 수도원은 1955년 11월 13일자 《동아일보》와 1956년 2월 5일자 《조선일보》에 각각 원생의 모집공고를 내면서 본격화 된다. 이는 탄허 스님이 전국을 대상으로 교육하고자 했다는 것을 의미한다.

당시 대상자는 대학졸업자와 불교교육기관인 강원講院의 최종 과정인 대교과大敎科 졸업자, 그리고 전통 한학의 육경수료자六經修了者로 두고 있다. 여기에서 육경이란, 유교의 『논어』·

『맹자』·『대학』·『중용』의 사서四書를 수학한 뒤 배우는 『시경』·『서경』·『역경(주역)』·『춘추』·『예기』·『악기』를 의미한다.

　이와 같은 모집기준은 탄허 스님이 현대학문과 전통학문으로서의 불교와 유교교육자들을 아울러 통섭하려고 했다는 것을 의미한다. 모집인원은 총 30명이었는데, 이는 당시의 시대상황으로서는 결코 쉬운 인원이 아니었다. 모집된 수도원생은 승려보다도 대학 졸업생과 대학 재학생이 더 다수였다.

　수도원의 교과목은 『화엄경』·『대승기신론』·『능엄경』·『선종영가집』 등의 불교 전적에, 『장자』·『노자』·『주역선해』의 삼현학三玄學 과목이 포함되어 있었다. 이외에도 교양과목으로 9류철학九類哲學, 즉 제자백가가 있었다. 이는 불교를 넘어선 동양학의 전반을 아우르는 것인 동시에 탄허 스님 교육의 한 특질을 잘 나타내 준다.

교육은 모두에게 평등하다

　탄허 스님의 교육 특징은 크게 두 가지이다. 첫째는 불교만이 아닌 동양학 전반을 아우르는 포괄성을 가진다는 점이다. 둘째는 출가인만의 교육이 아니라, 재가인을 포함하며 심지어

　　　　　　　　　　　탄허의 예언과 그 불꽃 같은 생애

여성인 비구니스님까지도 아우른다는 점이다. 이는 불교의 대사회적인 역할과 여성 평등의 문제에 있어서, 탄허 스님이 선구적인 자각을 하고 계셨다는 것을 의미한다.

이는 탄허 스님에 비해 전통사회적인 요소가 강했던 한암 스님이 비구니스님들에 대해서 보다 엄격했던 것과는 차이가 있다. 이런 점에서 두 분의 교육관 차이는 시대적인 변화와 더불어, 탄허 스님의 교육을 중심으로 하는 완전한 평등 인식을 확인해 볼 수 있다는 점에서 주목된다.

탄허 스님이 비구니스님을 가르쳤다는 것은 손쉽게 확인된다. 오늘날까지도 일부 보수적인 비구스님들 사이에서는 비구니스님들을 폄하하는 문제가 존재하곤 한다. 그런데 탄허 스님 당시에 여성을 평등한 교육대상으로 보았다는 것은, 시대를 초월한 위대한 탁견이 아닐 수 없다. 왜냐하면 남녀의 성적 차이에 의한 차등은 존재할 수 있어도, 그 어떠한 경우라도 차별이 존재해서는 안 되는 것이기 때문이다.

그러나 탄허 스님의 비구니스님에 대한 교육은 오대산 수도원에서는 지원자가 없어서 실현되지 못했던 것으로 판단된다. 그렇지만 이후에 오대산 수도원을 잇게 되는 영은사 수도원과 관련해서, 비구니스님이 정원 30명 중 10명이나 확인된다는 점은 실로 놀라운 일이 아닐 수 없다.

섬진불서 纖塵不舒

纖塵不舒含十方而匪礙

辛酉 冬 五臺山人　呑虛

티끌(먼지)만치도 펴지 않고 시방을 삼켜 버리지만
그 어디에도 걸림이 없다.
신유년 겨울 오대산인　탄허

오대산 수도원의 변화

탄허 스님이 제시한 오대산 수도원의 수학 기간은 총 5년이었다. 그러나 당시 폐허의 월정사로서는 이를 뒷받침할 만한 재정적인 여력이 부족했다. 이로 인해 하루 세끼가 어려운 상황이었고, 그것도 감자로 연명하는 재난적인 상황이 초래되었다. 결국 1년 7개월이 지난 1957년 11월, 오대산 수도원은 경제적인 압박을 이겨내지 못하고 자진 해산하기에 이른다.

이후 탄허 스님은 장소를 옮겨, 경제 형편이 넉넉했던 영은사로 옮겨 1958년 영은사 수도원을 재차 개설하게 된다. 이는 교육에는 장소의 차이는 있어도 단절은 있을 수 없다는, 탄허 스님의 결연한 의지가 천명된 까닭이다.

이때 오대산 수도원에 있던 분들의 대다수는 다시금 영은사 수도원으로 스님을 따라가게 된다. 이렇게 해서 탄허 스님이 제시한 총 5년의 교육은 '월정사 2년+영은사 3년'으로 힘겨운 완성을 이룩한다. 또 중간에 수도원인 교육장이 옮겨지는 과정에서 실질적인 시간은 5년보다도 더 걸렸다. 참으로 대단한 교육적 소신과 위대한 집념의 결과가 아닐 수 없다.

1962년 10월 탄허 스님은 영은사에서 월정사로 복귀한다. 5년간의 수도원 교육결사가 마무리된 이상 영은사에 주석할 이

현애살수懸崖撒手

得樹攀枝未足奇
懸崖撒手丈夫兒

        吞虛

나무에 올라가 가지를 잡는 것은 그리 기특한 일이 아니다.
벼랑에 매달렸을 때 손을 놓을 줄 알아야 진짜 대장부라네.

        탄허

유가 사라졌기 때문이다. 그러나 그렇다고 탄허 스님의 교육에 대한 열정이 사라진 것은 아니다. 이 때문에 현재 월정사 만월선원滿月禪院의 뒤편에 위치한 방산굴方山窟에서 수업을 이어 나가게 된다.

영은사 수도원의 3년 교육은 다른 이름으로는 『화엄경』 3년 결사'로 불리기도 한다. 이때 주로 『화엄경』을 중심으로 하는 강의와 번역이 이루어졌기 때문이다. 탄허 스님의 『화엄경』 번역은 삼본사 수련소 시절 총 11개월에 걸친 화엄결사華嚴結社(화엄산림華嚴山林)를 마치고 한암 스님에게 권유받은 부분에서 비롯된다. 탄허는 당시 상황을 이렇게 술회했다.

『화엄경』(80권)과 『(신화엄경)론』(40권)을 합해서, 120권을 하루도 빠지지 않고 진행하여 꼭 열한 달이 걸려서 마쳤다. … 그때 (한암)스님께서 말씀하시기를, 이 『화엄론(신화엄경론)』을 토를 붙여서 출판·보급했으면 좋겠다는 말씀이다. '『화엄론』은 참선하는 사람이 아니면 볼 근기가 못 되니 강당講堂(강원)에서는 (이 책이) 행세할 수가 없다. 그러니 현토하여 출판했으면 좋겠다.'는 것이었다. 그때부터 약 40년이 지난 근년에 내가 『화엄경』의 번역을 완성한 것은 그때의 우리 스님의 부촉이 종자가 되었던 것이다. 결국 나는 스님의 부촉에 몇 배를 더해서 완성한 셈이다.

이를 보면, 한암 스님의 『신화엄경론』 강조는 단순히 화엄 사상이라는 교학적인 강조가 아니라, 참선의 완성을 위한 첩경이었음을 알 수 있다. 영은사 수도원의 『화엄경』 강의와 번역은 월정사 방산굴로 옮겨지면서 보다 속도를 내게 된다. 방산굴이라는 명칭 역시, 이통현이 현재의 북경 인근 태원太原의 우양현盂陽縣 방산方山에서 『신화엄경론』을 찬술한 것을 차용한 표현이다. 즉 '방산굴(방산의 토굴)'에는 스승인 한암 스님의 부촉을 충실히 실행하겠다는 제자 탄허의 깊은 서원의 향취가 담겨 있는 것이다.

영은사 수도원에서 시작하여 이 무렵까지 스님을 따른 이들이, 현 금강선원 회주이자 탄허기념박물관 관장이신 상좌 혜거慧炬(1944~현재) 스님 등 10여 명이다.

경전 번역과 출판의 시작

탄허 스님의 수도원 교육은 수업교재의 필연성을 더욱더 절감케 한다. 이로 인해 1958년 『육조단경六祖壇經』을 번역하여

탄허의 예언과 그 불꽃 같은 생애

1960년 3월 이를 출간하기에 이른다. 이후 1963년 9월에는 『보조법어普照法語』가 발간된다. 이후로 71세로 돌아가시게 되는 1983년까지, 스님은 불교와 동양학의 전적 총 14종 73권을 번역·출간하기에 이른다.

그러나 탄허 스님의 번역 작업은 여기에서 끝난 것이 아니다. 입적 후 채 2달이 지나지 않은 7월 30일에 미발간 원고인 『노자도덕경老子道德經』 2권이 간행된다. 이후로도 2001년에는 번역 유고인 『영가집永嘉集』 1권과 『발심發心·삼론三論』 1권이 발행되며, 마지막으로 2004년 4월 10일에는 『장자남화경莊子南華經』 1권이 간행되기에 이른다. 이렇게 총 18종 78권을 번역하신 것이다. 이는 중국불교의 3대 역경가인 구마라집鳩摩羅什(kumārajīva, 344~413)·진제眞諦(Paramārtha, 499~569)·현장玄奘(602~664)을 잇는 한국불교사의 기념비적인 성과라고 이를 만하다.

오늘날이야 번역과 출판이 어려운 것이 아니지만, 당시로서이는 투철한 소신과 의지가 없으면 불가능한 일이었다. 개화기와 일제강점기 한국불교는 많은 선각자를 배출한다. 그럼에도 이분들에 의한 서적 간행은 극히 미미할 뿐이었다. 이는 포교와 계몽에 대한 강력한 의지와, 책에 대한 인식이 부족했기 때문이다.

사실 자신이 아는 것을 책으로 만들기 위해서 재정리한다는 것은 누구나 번거로운 일임에 틀림없다. 그렇기 때문에 여기에는 보다 강력한 사명 의식과 시대를 계몽하고자 하는 희생정신이 내포되어야만 한다. 이는 지식인의 임무이자 선각자의 당연한 도리이다. 그러나 당시 현실은 그렇지 않았고, 탄허 스님의 불교를 계몽하고 민중에게 다가가려는 노력은 바로 그렇기 때문에 더 한층 빛을 발하는 것이다.

탄허의 예언과 그 불꽃 같은 생애

12

교육만이

불교와 국가의

미래다

오대산의 살림

　오대산에 주석하신 탄허 스님은 교육 불사와 더불어, 현재의 적광전寂光殿이 되는 월정사 주불전主佛殿의 재건에도 매진하는 모습을 보이게 된다. 1·4 후퇴 때 아군들에 의해서 전소된 월정사의 사격을 일신하고 본사로서의 위상을 재정립하기 위해서는, 적광전의 중건이 무엇보다도 필연적이었기 때문이다.

　1965년 3월 7일자 《대한불교》에는 〈월정사 복구 불사 추진, 김탄허사金呑虛師 각계의 협조를 호소〉라는 기사가 확인된다. 이는 탄허 스님이 당시 폐허의 월정사를 복구하기 위해서 다방면에 걸친 노력을 개진한다는 것을 알 수 있는 대목이다.

한진그룹 조중훈 회장의 선연善緣

월정사 주불전(적광전)의 복구는 당시의 경제 상황으로 볼 때 쉬운 일이 아니었다. 이는 월정사 주불전의 완공이, 탄허 스님의 발의 후 4년 7개월 만인 1969년 10월 13일에야 이루어지는 것을 통해서 단적인 판단이 가능하다. 탄허 스님과 같은 희대의 큰 스님께서 원력을 천명하셨음에도 이는 결코 녹록한 일이 아니었던 것이다.

그런데 이 과정에는 한진그룹의 (고)조중훈趙重勳(1920~2002) 회장이, 젊은 시절 폐허의 월정사를 방문하면서 상황이 반전하는 이적이 존재해 이채롭다. 당시 조회장은 전쟁으로 황폐화된 처참한 월정사의 상황을 목도하고, 자신이 성공하면 월정사 중건에 힘이 되겠다는 서원을 세운다. 이후 한진이 기적 같은 성장 가도를 걷게 되자, 자신의 원을 실천하면서 월정사를 후원하게 된다.

이 아름다운 인연은 오늘날까지도 대를 이어 전해지면서, 월정사는 한진 조회장 일가의 원찰과 같은 관계 속에 유지되고 있다. 또 월정사 역시 조중훈 회장의 공덕을 기려 그분의 불교와 민족을 위한 과단성 있는 실천의 선행을 기리고 있다. 명품에는 언제나 그와 연관된 아름다운 에피소드가 따르게

마련이다. 월정사의 적광전에도 한진과 얽힌 이와 같은 선연善
緣이 존재하는 것이다.

묵묵하면서도 가장 듬직했던 제자

월정사의 복구와 관련해 절 안에서 가장 힘이 되고 노력한
제자는 단연 만화 스님이다. 탄허 스님은 월정사 복구와 관련
된 일만 하신 것이 아니라, 학문과 번역 및 불교 포교 등 정화
후 한국불교에 있어서 다양한 역할에 매진하셨다. 이로 인해
적광전 중건의 실무 책임자로서, 조회장과 교류하며 모든 일이
잡음 없이 처리되도록 하신 분이 바로 만화 스님이다.

조중훈 회장은 한진의 창업자로서 무척 꼼꼼하고 치밀한 분
이었다. 그러나 이런 분도 만화 스님의 근검한 정직과 맑은 성
실함에는 탄복했다고 한다.

만화 스님은 주불전 복원의 목재수급과 관련해, 산림벌채 문
제로 여러 차례 경찰서에 연행되는 일도 있었다. 당시 중건 과
정에서 나무가 부족한 부분을 오대산의 전나무를 사용해 보충
하는 과정에서 발생한 문제였다. 월정사 토지 안의 나무를 벌
채한 것임에도 산림훼손에 따른 소요가 존재했던 것이다. 이외

탄허의 예언과 그 불꽃 같은 생애

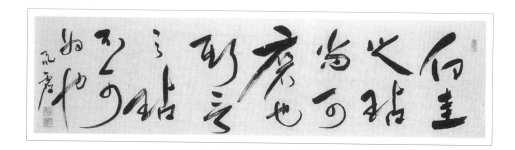

백규지점白圭之玷

白圭之玷尚可磨也
斯言之玷不可爲也

吞虛

옥에 있는 티는 갈아 없앨 수 있지만,
말 속에 있는 티는 없앨 수 없다.

탄허

에도 만화 스님은 오대산의 꿀을 채취해서 팔고 참배객들을 챙기면서, 불철주야 쉬지 않는 부단한 노력을 경주했다.

이와 같은 만화 스님의 헌신적인 노력이 있었기 때문에, 탄허 스님은 경전 번역과 후학 지도 및 전국의 강연 등에 마음 놓고 매진할 수 있었다. 이런 점에서 본다면, 탄허 스님의 경전 번역과 적광전 중건의 최대 공로자는 단연 만화 스님이었다고 할 만하다. 즉 묵묵하고 듬직한 만화 스님의 희생과 인욕적인 뒷바라지가 있었기 때문에, 탄허 스님은 크신 뜻을 더욱 높이 펼칠 수 있었던 것이다.

동국대 대학선원장의 취임

1965년 53세의 탄허 스님은 동국대학교 정각원正覺院의 전신인 대학선원大學禪院의 원장에 추대된다. 대학선원은 불교학교인 동국대학교 학생들에게, 불교 정신을 고취하는 교육과 신행을 담당하는 곳이다. 이는 오늘날까지 정각원으로 계승되고 있는데, 정각원장은 부총장의 직급을 가진다.

탄허 스님은 이듬해인 1966년 9월 20일 대학선원장으로 취임한다. 이는 탄허 스님의 학문적인 위상이 이미 전국적인 범

탄허의 예언과 그 불꽃 같은 생애

위로 확대되었음을 의미한다. 당시 간사는 후일 동국대 철학과 교수로 노장사상을 담당하게 되는 김항배였다.

우리의 미래는 동양학에 있다

탄허 스님은 9월 23일의 취임 일성으로 〈동양사상과 현대〉라는 주제로 강연을 하셨다. 탄허 스님은 우리나라 학교 교육에서 가장 절실한 것이, 불교와 동양사상에 대한 학습이라고 항상 힘주어 강조하셨다. 스님이 후일 다음과 같은 말로 현대의 교육 문제를 지적한 것은 시사하는 바가 크다.

> 옛날 일제 때만 해도 오늘날처럼 난감하지는 않았어요. 그 땐 중학교 책에도 유교의 『논어』나 불교학설 등 성인의 말씀을 필수과목으로 넣었어요. 또 『역학(주역)』이나 노장사상 및 불교 등을 필수로 가르쳤습니다. 그런데 지금은 하나도 없잖아요. … 그러므로 교육상의 문제를 고쳐야 합니다. 『신화엄경합론』은 오대산에서 수도하면서 번역했다고 하지만, 사실은 우리 민족 삼천만의 교재로 집필한 것입니다.

스님은 동양학에 의해서만이, 우리나라의 진정한 부흥과 세계화가 가능하다고 판단하신 것이다. 이와 같은 판단은 오늘날 '우리 것이야말로 세계적인 것'이라는 관점에서 볼 때 지극히 타당하다.

그러나 당시는 동양적인 것을 최대한 빨리 벗어던지는 것이 곧 선진화가 된다는 생각이 강하게 깔려 있었다. 이로 인해 우리는 우리의 전통적인 가치들을 폐기하는 데 혈안이 돼 있었고, 그 결과 오늘날의 한국인들은 정신적인 공황 상태와 삶의 방향성 상실이라는 큰 문제에 직면하게 된다. 즉 경제도 중요하지만 그보다도 근본이 중요한데, 당시의 우리는 이것을 알지 못했던 것이다. 그런데 1960년대 탄허 스님은 바로 여기에 주목한 선구적인 안목을 보이고 계셨다. 그 누구도 생각하기 힘든 현실에서 스님은 올바른 방향의 미래를 보신 것이다.

13

불경의 한글번역과
스님의 제자들

동국역경원 역장장譯場長의 추대

탄허 스님이 대학선원장으로 취임하신 1966년, 조계종은 불교 경전의 한글화가 절실하다는 인식 속에서 동국역경원東國譯經院을 동국대에 설립하게 된다. 이에 따라서 한문 경전을 번역할 수 있는 실질적인 역경장譯經場이 요청되었다. 이때 지리적인 위치 등이 고려되어 선택된 곳이 수원 용주사龍珠寺였다.

역경장은 1966년 12월 26일에 개원하게 된다. 이 역경장의 수장으로 한학과 경전에 두루 능통한 탄허 스님이 추대되는 것은 어찌 보면 당연하다. 경전 번역의 수장은 뜻과 문자를 두루 통달한 분만이 할 수 있다는 점에서, 이는 당시 조계종의 종단 차원에서 스님을 최고의 학승學僧이자 눈 밝은 대종사로 인정한 것이라고 하겠다.

동국역경원 개원식과 관련해서, 탄허 스님은 "법당 100채를 짓는 것보다 스님들 공부시키는 것이 더욱 중요하다."는 교육적인 소신과 관련된 명연설을 남기게 된다. 당시 행사에 참석했던 스님의 상좌 삼보 스님이 전한 이 말은 이후 널리 회자되면서, 탄허 스님의 정신과 한국불교의 미래가 어디에 있는지를 분명히 보여 주고 있다.

탄허 스님의 자취가 서려 있는 동국역경원의 원장으로 2020년 4월 9일 스님의 상좌인 혜거 스님이 취임한다. 대를 이어 불교의 학문적 발전에 매진하는 참 좋은 인연이 발현된 것이다. 혜거 스님은 탄허 스님의 영은사 수도원 때 제자가 되어 오늘에 이른 분이니, 이 역시 교육이 키워 낸 훌륭한 거목이라고 하겠다.

용주사 역경장과 역경사양성소譯經士養成所

용주사 역경장에는 부설기관으로 역경사양성소가 설립된다. 역경사양성소는 경전을 번역하는 역경과 관련된 체계적인 학승을 양성하기 위한 기관이다. 동국역경원은 한문으로 된 불교 경전을 한글화하는 작업을 담당하는 기관이다. 이런 점에서 번역을 실질적으로 주관할 수 있는 사람이 필요했던 것이다. 역경사 양성 과정을 통해, 경전 번역과 관련된 체계적인 지식은 보다 효율적으로 전달되며 학문이 발전할 수 있는 계기가 만들어지게 된다.

이때 역경사양성소의 강사로는 탄허 스님 외에도 동국역경원 원장이었던 광릉 봉선사奉先寺의 운허耘虛(1892~1980) 스님과 수필집『무소유』로 유명한 법정法頂(1932~2010) 스님, 그리고 시인이자 고전 번역가인 김달진金達鎭(1907~1989)과 후일 동국대 인도철학과 교수가 되는 국민훈장 목련장의 수상자 불연不然 이기영李箕永(1922~1996) 박사 등이 있었다.

탄허 스님의 제자들

이듬해인 1967년 5월 4일, 드디어 제1기 역경사양성소생이 입학하게 된다. 이때 입학한 입문자에는 전 조계종 교육원장이신 범어사의 무비無比 스님과 현재의 통도사 방장이신 서운암의 성파性破 스님 등이 있다.

또 이후의 제2기에는 한 시대를 풍미한 강백인 통광通光 (1940~2013) 스님 등이 계셨으니, 최근의 불교 선지식들은 여기에 총망라되었다고 해도 과언이 아니다. 좋은 터전은 언제나 풍요로운 결실을 맺게 마련인 것이다. 이런 점에서, 탄허 스님

탄허의 예언과 그 불꽃 같은 생애

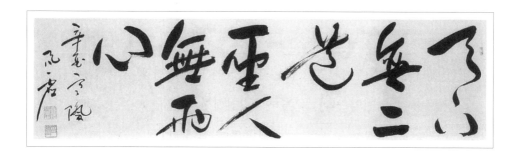

천하무이도 天下無二道

天下無二道 聖人無兩心

辛酉寒際　吞虛

천하에는 두 가지 도(道)가 없고,
성인에게는 두 가지 마음이 없다.

신유(1981)년 겨울　탄허

의 그늘이 이제는 한암 스님 만큼이나 넓어졌다는 것을 우리는 알 수가 있다.

탄허 스님은 양성소생들에게 『화엄경』과 『장자』 등의 불교와 동양고전을 두루 가르쳐, 한문과 사상이 다양하게 학습되도록 지도했다. 이때의 인연들로 인해, 당신께서 작업하시던 『신화엄경합론』 270권의 번역과 출판에도 탄력이 붙게 된다. 왜냐하면 이후의 교열작업에 무비·통광·각성·성파 스님 등과 명호근·윤창화 거사와 같은 분들이 동참하게 되기 때문이다.

스님의 법을 받은 이들로 만화·혜거·각수·삼지·삼보·삼혜 스님 등의 직계 상좌를 제외하고, 무비·통광·각성·성파 스님 등이 있는 것은 모두 이와 같은 과정 속에서 피어난 꽃이자 열매였다. 이들 중 탄허 스님에게 만화 스님이 종문宗門의 보배라면, 무비스님은 법문法門의 수장이라 이를 만하다.

울진·삼척지구 무장공비 침투사건과 탄허 스님의 예지력

탄허 스님께서 필생의 공력을 들인 것은 『신화엄경합론』 270권의 번역이다. 번역의 완성은 스님이 55세가 되던 1967년 3월인데, 전체 번역 기간 10년에 원고지 62,500장에 달하는 실로 방대한 작업이었다. 이로 인하여 스님은 이후 오른팔 어깨통증에 10년간이나 시달려야만 했다. 오늘날 컴퓨터로 작업하던 때와 비교하면, 실로 격세지감이 느껴지는 고통의 지난한 작업이었음을 알 수 있다.

그런데 1968년 10월 30일에 돌연 울진·삼척지구 무장공비 침투사건이 발생한다. 이때만 하더라도 북한의 직접적인 도발이 간간이 존재하던 시절이었다. 이 사건은 12월 중순이 되자, 공비들의 일부가 오대산으로 숨어들면서 월정사에까지 파장이 미치게 된다.

그런데 10월 초에 탄허 스님은 월정사 방산굴方山窟에서 수행하시는 과정에서, 선禪적인 영지靈智로 이 사건을 미리 인지하신다. 그래서 강릉의 트럭을 대절 해 방산굴에 있던 원고를 삼척 영은사로 옮기게 된다. 이는 영은사가 일체의 재앙이 미치지 않는 삼재불입지지三災不入之地라는 판단에 따른 것이었다.

후일 탄허 스님은 이때를 회고하면서, 만일 이때 원고를 옮기지 못했다면 공비의 소요와 소탕과정에서 소실되었을 것이라고 하셨다. 이런 점에서 본다면, 이때 스님의 예지력 발휘는 올바른 경전을 통해 불교를 널리 펴라는 부처님의 은근한 가피에 의한 것이 아닌가 한다.

그런데 이 사건은 이후 생각지도 않은 문제를 만들게 된다. 공비가 침투하기 전에 탄허 스님이 원고를 옮겼다는 사실이 알려지면서, 1969년 초에 보안대로 불려가 추궁당하는 일이 발생한 것이다. 남북 간의 첨예한 대치 상황 속에서, 북한과 내통한 것이 아니냐는 의심을 사게 된 사건이다.

일반의 범부들로서 어찌 성인의 경계를 알 수가 있겠는가! 성스러운 동물인 기린이 나타났음에도, 노魯나라 제후인 숙손씨叔孫氏가 이를 알지 못하여 사냥했다는 춘추시대 '서수획린西狩獲麟'의 고사가 생각나는 대목이다. 공자가 이를 듣고는 장탄식하며, 당시 집필하던 노나라의 역사서 『춘추春秋』를 절필絶筆했다고 한다. 절필한다는 말은 바로 여기에서 유래(획린절필獲麟絶筆)되는데, 참으로 무지야말로 죽음에 이르는 병이 아닌가 한다.

14

『신화엄경합론』의

출판과

은관문화훈장 추서

『신화엄경합론』의 교열과 교정 작업

탄허 스님이 58세가 되는 1970년 3월부터는 『신화엄경합론』
의 윤문과 교열 및 띄어쓰기 등의 출판을 위한 초기작업이 시
작된다. 오늘날과 같은 컴퓨터에 의한 것이 아니라 원고지를
통해서 전 과정이 수작업으로 진행되다 보니, 엄청난 인고의
노력을 요하는 대규모 작업이 아닐 수 없었다. 각성 스님·무비
스님 및 통광·자민·성일·혜등 스님 등의 헌신적인 노고에도
불구하고, 이 작업은 무려 8개월이나 걸렸다.

부산에서 이루어진 역사의 새로운 획

『신화엄경합론』의 교정 작업은 부산의 삼덕사에서 이루어졌
는데, 이러한 작업 속에서도 탄허 스님께서는 하루에 1시간씩
은 반드시 강의를 하여 후학들을 지도하셨다. 이는 교정과정

을 통해서 불교 경전의 분명한 뜻이 전수되고, 강의를 통해서 사상이 전수될 수 있는 통로가 되었다.

이와 같이 역경과 강의가 동시에 개진되는 작업방식은, 후진後秦시대 구마라집의 장안 소요원逍遙園의 역경장의 모습을 떠올리게 한다. 구마라집은 번역과 더불어 강의를 병진했기 때문에, 그의 역경장에는 항상 3,000명의 대중들이 운집하곤 했다.

부산에서의 교정 작업은 경제적인 후원과 관련된 좋은 인연이 되기도 한다. 당시 이 작업은 워낙 방대한 규모였기 때문에, 부산 KBS와 《동아일보》에 대대적으로 보도될 정도였다. 이로 인하여 부산 불자들에 의한 많은 보시 공덕이 이루어졌는데, 이는 후일 책 발행비용의 일부를 담당하게 된다. 부처님의 바른 일에는 반드시 기연이 따르는 상서가 발생하게 마련인 것이다.

『신화엄경합론』의 출판

요즘은 전자출판의 시대인지라, 예전에 비하면 책 출판 비용이 많이 들지 않는다. 그러나 1970년대만 해도 엄청난 규모의 책을 발행한다는 것은 막대한 재원이 소요되는 일이었다. 그래서 『신화엄경합론』은 윤문과 교열 등의 기초작업을 다 마치고 나서도, 그 5년 뒤인 1975년 8월이 되어서야 비로소 출간의 빛을 보게 된다.

당시 초판은 한장본漢裝本으로 총 47권이었으며, 이는 후일 양장본 23권으로 재편집된다. 오늘날로서는 상상하기도 힘들 정도로 출판 환경이 열악했던 시대에 벌어진, 실로 대원력의 사업이었던 것이다.

『신화엄경합론』은 조판비만 2,000만원이 들었다. 여기에 인쇄비와 종이 값 그리고 제책비 등이 추가되어 초판 500질의 발행에만 3,000만원이 추가되었다. 이렇게 총 5,000만원이나 들었으니, 당시의 물가를 계산한다면 실로 엄청난 금액이 아닐 수 없다.

1970년을 기준으로 우리나라 물가를 살펴보면, 담배 1갑에 10원, 라면 1봉지가 20원, 시내버스 요금이 10원, 택시 기본요금이 60원이었다. 그리고 서울의 집값은 보통 단독주택 한 채가 150만원 정도였다. 오늘날 담배는 4,500원, 라면은 약 800원, 시내버스 요금은 1,300원, 택시 기본요금은 약 3,800원이다. 서울의 집값이야 더 말해서 무엇하겠는가! 그러므로 당시의 5,000만원을 오늘날의 화폐 단위로 계산하면, 대략 30~40

억 정도가 된다. 출판 비용으로는 생각하기 어려운 어마어마한 금액이다.

출판 비용과 관련해서 조판비는 부산 해운대 관광호텔 사장이었던 (고)김진선 거사님이 거금 1,000만원을 보시했다. 또 울산의 박원만성 보살님도 500만원, 김의정 조계종 전 중앙신도회장의 모친인 김미희 여사가 300만원을 보시하여 비교적 무난히 마칠 수 있었다. 이는 탄허 스님의 공덕과 신도분들의 복덕이 합해서 이룬 대복전大福田의 결과였다.

그러나 책을 만드는 후속 비용 3,000만원은 매우 부담되는 금액이었다. 이 비용을 마련하기 위해서 당시 출판을 총괄했던 윤창화의 기획으로, 《대한불교신문》에 사전 예약판매 광고를 게재하게 된다. 이를 통해서 3개월간 1질에 10만원씩, 총 180질을 예약받아 1,800만원을 마련했다. 여기에 여러 불자의 후원기금과 탄허 스님의 사비를 합해 900만원을 마련하고, 다시 동국대 총장의 융통으로 300만원을 마련해 최종적인 출판에 이른다.

당시 스님으로서 출판을 총괄했던 윤창화는 오늘날 대표적인 불교출판사인 도서출판 민족사民族社의 사장이 되었다. 또 『신화엄경합론』 출판시 교열과 교정을 담당했던 각성·무비·통광 스님과 연관·시몽·일장 스님, 그리고 비구니 자민·성일 스님 및 밖에서 외호했던 만화·삼보 스님과 명호근·전창열거사 등은 모두 각계의 거목으로 성장했다.

언제나 음덕陰德에는 양보陽報가 따르게 마련이니, 선을 쌓은 집안에는 필히 남은 경사가 있는 법이다. 또 부처님의 거룩한 일에 이바지한 과보는 화살보다 빠르고 번개보다 분명하니, 수승한 공덕은 항상 최상의 인과가 산출되게 마련이다.

종교인 최초의 은관문화훈장

『신화엄경합론』은 한국의 출판 역사에 길이 남을 대단한 위업이다. 이를 통해서 탄허 스님은 1975년 10월 22일 제3회 인촌문화상을 수상하게 된다. 또 이 업적과 여러 경전의 번역공로 및 대중교화와 암울한 시기 민중을 계몽한 업적이 인정되어, 스님께서 열반하시는 1983년 6월 22일에는 종교인으로서는 최초로 국가로부터 은관문화훈장을 추서 받기에 이른다. 이는 스님의 위대한 업적을 국가마저 인정한 지극히 당연하면서도 영예로운 결과였다.

15

사회를 향한

열린 질주와

광풍

재가불자들에 대한 열린 교화

『신화엄경합론』의 교정 작업이 끝나는 1970년 12월부터 탄허 스님은 하나의 원을 성취했다고 생각했음인지, 대중 교화에 보다 매진하게 된다.

당시는 민족주의가 강하게 대두하던 시절로, 이때 서울에는 젊은 불자들이 주축이 된 '송산松山'이라는 모임이 있었다. 이 모임은 대한불교청년회 소속의 청년 불자들과 대학생불교연합회 회원들로 구성된 것이었다. 탄허 스님은 이 모임을 지도하였는데, 이는 월정사에서 탄허 스님의 법문에 감복한 이기영이 모임의 주축이 되어 명호근 등이 따르고 있었기 때문이다.

또 1971년에는 서울 숭인동의 청룡사에서 동양사상에 대한 공개강좌를 개설하여 민중들의 정신적인 구심점이 되었다. 이때 일반인들이 많이 동참하게 되는데, 그 결과로 후일 화엄학회와 화엄학연구소 및 탄허불교문화재단이 만들어지게 된다.

이들은 모두 이때의 인연에 의한 결실에 기초한 것이다.

탄허 스님은 승속을 막론하고 민중을 먼저 생각하는 가르침을 베풀었다. 이는 스님의 불교가 단순히 불교를 넘어선 국가적인 관점을 가지기 때문이다. 스님은 동양학 속에서 우리나라를 보고, 불교의 화엄 사상 안에서 동양학을 보았다. 이는 오늘날의 학문하는 사람들이 따라가기 어려운 거시적 안목의 귀감이 되기에 충분하다.

1975년 동국대 철학과 교수 김항배는 탄허 스님에게 "오늘날 목탁을 들지 않고 요령을 흔들지 않으며, 먹물 옷을 입지 않고서도 불교를 가르칠 수 있는 분은 스님뿐이라고 생각합니다."라는 말을 한다. 이는 불교라는 종교적 권위에 의지하지 않고서 불교를 가르칠 수 있는 사회의 열린 지성이 탄허 스님뿐이라는 극찬이다.

들으려는 사람에게 말하는 것은 쉽다. 오늘날의 모든 큰스님이 이러한 환경에만 안주하고 있다는 것이 현대불교의 가장 큰 문제 중 하나이다. 그러나 탄허 스님은 무관심한 사람과 들으려고 하지 않는 사람을 듣게 만드시는 분이었다. 이는 시대를 초월한 그릇이 탄허 스님에게 존재하고 있었기 때문이다. 그리고 이 시대의 불교가 탄허 스님을 그리워하는 것 역시, 바로 스님의 이와 같은 역동적인 실천에 대한 그리움이 아닌가 한다.

탄허 교학의 두 날개

탄허 스님은 선과 교라는 불교의 깨달음에 이르는 두 가지를 고르게 겸비하신 분이다. 그러나 스승인 한암 노사가 선수행을 중심으로 교를 전개하신 분이라면, 탄허 스님은 교학을 중심으로 하는 선자禪子였다. 이는 스님의 시대가 불교의 혼란기이자, 이 나라의 과도기로서 교육을 통한 계몽이 가장 절실한 시기였기 때문이다.

만일 스님이 오늘날과 같은 안정된 사회를 사셨다면, 스님은 선적인 깨달음에 고요히 잠기셨을 것이다. 그러나 탄허 스님이 사신 격동기는 국가와 민중을 위해서, 누군가는 떨치고 일어나 계몽해야만 하는 아픔의 시대였다. 이를 위해서 스님은 보현보살과 같은 원력으로, 이 나라와 불교를 위한 등불로 당신을 철저하게 산화시켰던 것이다. 이것이야말로 민중의 아픔을 자신의 아픔으로 승화하는 대승보살의 강력한 실천 서원이 아닌가 한다.

탄허 스님의 교학적인 두 날개는 불교의 화엄과 도가의 『장자』였다. 그래서 화엄으로는 『신화엄경합본』을 번역해서, 시대

탄허의 예언과 그 불꽃 같은 생애

를 계몽하고 우리 민족의 화합된 선진미래를 앞당기려고 하셨다. 또 『장자』를 통해서는, 거시적인 관점에서 발생하는 여유와 초탈을 말하고자 했다. 이는 경제발전이 우선이던 각박한 시대에 매우 유용한 정신적인 가르침이 된다.

실제로 기독교의 실천하는 지성인 함석헌咸錫憲(1901~1989)과 당시 희대의 천재로 이름 높던 양주동梁柱東(1903~1977) 박사가 스님으로부터 『장자』 강의를 들을 정도였다. 이 중 양주동은 '장자가 살아 와서 강의를 해도 탄허 스님만은 못할 것'이라고 극찬하면서, 10살이나 어린 스님에게 삼배의 예를 올렸다는 일화는 너무나도 유명하다. 이것은 진리를 존중하는 노학자의 겸허한 자세에서 나오는 진정한 아름다움이 아닐까 한다.

불교 교재의 번역과 스님의 큰 뜻

탄허 스님은 이후 64세가 되는 1976년 7월, 승가 교육기관의 기본교재 중 『도서都序』·『선요禪要』·『서장書狀』·『절요節要』를 번역·출판한다. 또 1981년 12월에는 고급교재인 『능엄경楞嚴經』·『대승기신론大乘起信論』·『원각경圓覺經』·『금강경金剛經』을 출간하고, 그 이듬해인 1982년 2월에는 기초교재인 『초발심자경

군자삼락君子三樂

君子有三樂而王天下 不與存焉

呑虛

군자에게 세 가지 즐거움이 있으니,
천하에 왕 노릇하는 것은 여기에 들어가지 않는다.

탄허

문初發心自警文』과 『치문경훈緇門警訓』도 번역·출간하기에 이른다. 참으로 초인적인 대원력의 보현보살이라 이를 만하다. 특히 이러한 노력이 종단이나 국가의 도움 없이, 오직 스님의 원력에 의해서 사비로 이루어졌다는 점은 우리를 더욱 놀라게 하기에 충분하다.

실제로 1981년 7월 12일자 《불교신문》은 다음과 같은 경탄의 기사를 싣고 있다.

> 한 스님에 의해 이뤄진 이 방대한 불사는 불교사를 통해 최초의 일일 뿐 아니라 누구도 쉽게 손댈 수 없는 거대한 문화사업이란 점에서 종교계, 학계 및 이웃 일본학자들에게까지도 폭넓은 관심을 모으고 있다. 이번에 출간된『사미·사교서(승가 교육기관 교재)』의 집필 기간은 4년여이며, 이는 원고 매수만도 2백자 원고지 10만장이 넘는다. … 5백질 한정판으로, 제작비만도 5천 6백만 원이 투입됐다.

이는 『신화엄경합론』처럼 단일한 번역은 아니지만, 그 규모는 더욱더 커졌다는 것을 알 수 있다. 그리고 이러한 작업에는 무비·혜거 스님 등이 언제나 그림자처럼 따랐다. 그러나 번역 규모가 커지면서 당시 금전적인 압박도 상당했던 것 같다. 이

와 관련해서 스님은 다음과 같이 회상하는 말을 남기고 있어
보는 이의 가슴을 아프게 한다.

현재 『능엄경』·『기신론』·『(금강)반야경』·『원각경』의 번역을 끝
내고 출간을 기다리고 있어요. 그러나 『화엄경(신화엄경합론을
지칭함)』 출간 때도 그랬지만, 종단을 비롯한 그 어느 곳에서
도 출간에 협조를 해 주지 않아 자비출판을 해야 했었지요.
이번 『능엄경』 등도 역시 자비출판을 해야 될 모양이에요. 어
쩌면 탄허라는 인간이 이렇게 불행한지 모르겠습니다.

예나 지금이나 공부는 어렵고, 특별한 경우를 제외하면 교
육 사업은 적자를 보지 않으면 잘 되는 정도이다. 그런데 그때
나 지금이나 사람들은 헛된 곳에는 돈을 쓰지만, 본질적인 곳
에는 인색하기 그지없다. 탄허 스님의 마지막 말씀인 "어쩌면
탄허라는 인간이 이렇게 불행한지 모르겠습니다."라는 말은,
'만고에 새겨질 선각자의 슬픔에 찬 토로'가 아닌가 한다.

탄허의 예언과 그 불꽃 같은 생애

불교교육과 공부의 어려움

부처님 당시 불교가 인도철학과 사상계에 광풍을 일으킬 수 있었던 것은 정당한 노력을 한 사람들이 대우받는 풍토가 존재하고 있었기 때문이다. 이는 후일 대승불교로 유전되면서 마명馬鳴(Aśvaghoṣa)·용수龍樹(Nāgārjuna)·무착無着(Asaṅga)·세친世親(Vasubandhu)의 4대 보살을 일궈 내 대승의 위대한 만다라의 시대를 도래하게 한다.

또 현장의 『대당서역기大唐西域記』 권12에는 동쪽의 마명과 남쪽의 제바提婆(Kāṇa-deva) 그리고 서쪽의 용맹龍猛(용수)과 북쪽의 동수童受(Kumāralāta)를 들어, 세상을 비추는 4개의 태양으로 칭하고 있다. "사일조세四日照世", 즉 4개의 태양이 세상을 비췄으니, 당시 불교의 가르침이 얼마나 밝게 빛났겠는가!

그러나 오늘날 우리 불교는 공부하는 사람들에게 너무나도 소홀하다. 그래서 공부하는 스님들 사이에서 '공부를 많이 하면 살기가 어려워진다.'는 말이 회자될 정도이다.

공부하지 않는 집단에게 미래는 없다. 이를 생각한다면, 탄허 스님의 슬픔이 어제의 슬픔만이 아닌 오늘에도 그대로 유전되고 있다는 점에서, 이는 가슴 시리도록 진한 슬픔이 된다.

스님께서 자주 말씀하시곤 했던 향엄香嚴(?~898) 스님의 여래

선如來禪 게송은, 이와 같은 한국불교의 현실을 말해 주는 듯
하여 왠지 모르게 씁쓸하다.

　　지난해의 가난은 가난이 아니라, 금년의 가난이 진정한 가
　　난이구나.
　　지난해는 송곳 꽂을 땅도 없더니, 올해에는 그러한 송곳마
　　저도 없다네.

16

탄허 스님의

본의本義와

위대성

이 시대의 보현보살

보살은 중생이 아프기 때문에 아프고, 중생을 위하는 고로 고통을 마다하지 않는 법이다. 이점을 상기한다면, 탄허 스님 이야 말로 이 시대의 진정한 실천자로서의 보현보살이셨다. 탄 허 스님은 당신이 평생을 번역에 매진하고 대중교화와 우리 민 중의 계몽을 위해 사신 이유를 다음과 같이 담담히 술회하셨 다.

스님들이 공부에 더욱 열중해야 합니다. 제가 수많은 불경 들을 번역한 것도 교재를 마련하기 위한 작업의 일환이었 어요. 공부를 하지 않고서는 불경의 의미를 제대로 깨달을 수 없지요. '여름 벌레에게 얼음 이야기를 할 수 없고, 우물 안 개구리에게 바다 얘기를 할 수 없지요(이 구절은 『장자』를 인 용한 것임).' 또 못난 선비에게 도를 얘기한들 무슨 소용이 있

겠어요. 결단하고 승려가 됐으면 모름지기 공부에 충실해야
합니다.

내가 바라는 것은 누구든지 배울 수 있는 불교 교재가 있어
야 한다는 것이지요. 절 집안의 몇 사람을 위하는 것이 아니
고 그럼 무엇이냐? 삼천만 오천만 국민의 교재로 성인의 말
씀을 채택하자는 겁니다.

이상의 탄허 스님 말씀을 통해서, 우리는 스님의 희생과 노
력이 내적으로는 불교발전과 외적으로는 국가와 사회를 위한
헌신이었다는 것을 알 수 있다. 그리고 이러한 양자 사이에는
인식의 간극이 없다. 즉 탄허 스님은 불교를 통해서 사회와 국
가를 보고 있는 것이다. 이는 탄허 스님이 국가와 민중을 위
하는 것이, 곧 불교를 넘어선 것이 아닌 불교 안에서의 자각에
의한 행동이었음을 분명히 해 준다.
또 후학들을 위한 간절한 노파심 속에서, 우리는 한암 노사
의 자취가 이제는 만년에 이르러 탄허 노사 속에서도 찾아지
게 되는 것을 알게 된다. 이는 진정한 오대산인이고자 했던 두
노사의 스승과 제자를 넘어선 위대한 대승정신의 계승에 의한
결과라고 하겠다.

탄허 스님의 예지를 어떻게 볼 것인가

지난 2012년 불교적으로 가장 주목받는 책 중에 『탄허록呑虛錄』(도서출판 휴)이 있다. 이는 탄허 스님과 관련된 현대인들의 관심이 어디에 있는지를 단적으로 나타내 준다. 그러나 탄허 스님의 본령은 말단의 영지靈知에 있지 않다.

부처님께서 처음 깨달음을 얻으시고, 5비구를 제도하기 위해 바라나시로 가실 때 갠지스강을 건너야 하는 문제에 봉착하게 된다. 이때 부처님은 강변의 뱃사공에게 강을 건네줄 것을 부탁한다. 그러나 뱃사공은 뱃삯을 요구하고, 부처님께서는 자신이 수행자임을 설명한 뒤 재차 건네줄 것을 요청한다. 그랬음에도 뱃사공은 자신의 주장을 굽히지 않았다.

그러자 부처님은 자유롭게 강을 건너는 기러기 떼의 자유를 찬탄한 뒤 신통으로 강을 건너신다. 이를 본 뱃사공은 자신이 사욕에 가리워 진정한 수행자를 알아보지 못한 것을 한탄하며 자책한다. 이후 이 이야기를 듣게 된 왕은 모든 수행자에게는 뱃삯을 받지 말라는 명령을 내리게 된다. 인도에서 수행자에게 뱃삯을 받지 않는 풍속은 바로 이렇게 시작된 것이다. 부처님의 목적은 뱃사공의 교화에 있었다. 그렇지 않았다면 처음부터 신통으로 강을 건너갔을 것이리라.

214   탄허의 예언과 그 불꽃 같은 생애

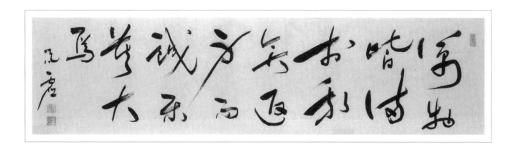

만물개아萬物皆我

萬物皆備於我矣 反身而誠 樂莫大焉

呑虛

만물의 이치가 모두 나에게 갖추어져 있으니
나를 돌아보고 성의를 다한다면 그 즐거움이 더없이 클 것이다.

탄허

탄허 스님의 예지도 이와 같다. 그것은 단순한 예언의 영지가 아니라, 깨달음에서 발현되는 선禪적인 직관, 즉 공적영지空寂靈知인 것이다. 이는 스님에게는 달을 가리키는 손가락과 같은 선교방편善巧方便이었던 셈이다.

우리 민족의 부활과 새 시대의 주역

탄허 스님은 1979년 10월 26일에 있을 박정희 대통령의 서거를 예견한다. 또 당신께서 돌아가시는 1983년에서, 8년 뒤에야 발생하는 구소련의 붕괴(1991)와 금강산 관광(1998)을 예지하기도 하셨다. 그러나 이는 모두 변화를 통한 한민족의 자긍과 도약을 위한 도구일 뿐이었다.

실제로 68세 되던 1980년 5·18 광주민주화운동 직후, 탄허 스님은 《동아일보》와의 인터뷰에서 '우리나라는 지금의 고통이 씨가 되어 좋은 미래가 보장되어 있으며, 그것은 어린아이들의 얼굴에도 쓰여 있다.'라는 말을 하였다. 이는 당시 신군부를 옹호하는 발언으로 오해될 소지가 있었다.

그래서 후일 국민대 총장이 되는 법대 교수 김문환이 그 이유를 묻자, 탄허 스님은 "국민 모두가 암흑 속에서 헤매고 있는데, 희망의 촛불이 되는 말을 해 주고 싶어서"라고 답하신다. 이것이야말로 시대정신을 담지한 탄허 스님 예언의 가장 진솔한 실체이다. 그것은 민중의 가십거리 대상이 아닌 우리 민중을 위한 한 노승의 간절함이었던 것이다.

중국 육조六朝시대의 유의경劉義慶(403~444)이 지은 『세설신어世說新語』에 '매림지갈梅林止渴'이라는 말이 있다. 진晉나라를 세운 사마염司馬炎(237~290)이 오나라를 공격할 때, 길을 잘못 들어 헤매다가 식수가 떨어지는 문제에 봉착한다. 이로 인하여 군사들이 동요하며 통솔하기 어렵게 되자, 사마염은 군대를 향해, "저 산을 넘으면 커다란 매실나무 숲에 가지가 휠 정도로 잘 익은 매실이 있다."고 외친다. 이 말을 들은 군인들의 입에 침이 고이자, 사마염은 위기를 넘기고 군대를 물이 있는 곳에까지 무사히 이끌게 된다.

이와 유사한 방편의 가르침으로 유명한 것이 바로 『법화경』의 「화성유품化城喩品」이다. 올바른 리더에게는 때로 분명한 목적에 도달하기 위한 수단으로서의 방편이 필요한 것이다.

탄허 스님은 선禪적인 깨달음의 명지明智로 세상을 내려다보셨다. 그러나 그것이 말하고자 하는 것은 비단 세인들의 가십거리 따위가 아니었다. 그것은 언제나 우리 민족의 희망찬 도약과 직결된 것이었다. 『주역』이나 부처님의 가르침이 정당성을 얻는 것도, 그것이 사람들에게 보다 나은 내일을 열어 주기 때문이 아니겠는가? 스님은 바로 그렇게 말했던 것이다.

탄허 스님의 가장 큰 화두는 민족과 국가였다. 그렇기 때문에 탄허 스님의 예언은 언제나 우리나라가 세계의 중심이 되고, 우리 민족이 세계의 주역이 되는 것과 무관하지 않다.

탄허 스님의 예언은 헛된 조작이나 날조는 아니다. 이런 점에서 탄허 스님은 사마염과 다르다. 그러나 그 속에는 우리 민족을 보듬어 안는 강력한 민족의식이 있다. 그런 점에서 이는 결국 희망찬 민족의 내일을 위한 또 다른 방편이라고 하겠다.

여성을 인정했던 스님

탄허 스님은 재가인을 위해서 가르침을 편 것만큼이나, 비구니스님들을 위한 가르침에도 열성적이었다. 오늘날은 여성도 대통령이 되는 양성평등의 시대이다. 그러나 탄허 스님의 어린 시절만 하더라도, 이는 먼 나라의 유산을 넘어 유토피아적인 몽상일 뿐이었다.

불교가 종교라는 점을 고려한다면, 불교의 주장들 또한 주관적이라는 한계로부터 완전히 자유로울 수 없다. 그러나 모든 불교의 위대성을 부정한다고 해도, 그 누구도 부정할 수 없는 객관적인 불교의 우월성이 되는 부분이 있다. 그것은 바로 '인간 평등'과 '여성에 대한 인정'이다. 이 부분은 그 어떤 종교나 철학으로서도 비견될 수 없는 부처님만의 비교될 수 없는 독보적인 우월성이기 때문이다.

탄허 스님은 부처님의 이러한 부분을 수용하셨다. 그렇게 해서 탄허라는 거목 밑에서 자란 또 다른 거목이 바로 한마음선원의 개창자 대행大行(1927~2012) 스님이다. 탄허 스님은 대행 스님을 인정한 최고의 어른이셨다. 탄허 스님에게는 그 그릇이 바르면 성性 따위는 초월해 버리는 대인大人의 기상이 있었기 때문이다. 이후 대행 스님은 동아시아 비구니교단사에서 큰 족적을 남기는 시대의 어른이 된다.

아미타부처님은 언제나 약한 중생의 편이다. 그래서 극락을 만드신 것이다. 일본 정토진종淨土眞宗의 개조인 친난親鸞(1173~1262)이 『탄이초歎異抄』에서, "죄가 없으면 극락에 가지 못한다."고 한 것은 이를 두고 한 말이다.

여성이 약한 존재로서 억압되던 시절, 탄허 스님은 단연코 그 편에 서셨다. 이는 쉽게 권력에 의지하고 마는 중생의 경계를 넘어서는 위대한 보살의 행동이 아니고서는 불가능한 일이다. 이 점은 오늘날의 불교에서도 결코 잊혀져서는 안 될, 스님의 시대를 초월하는 불멸의 위대한 정신이 아닌가 한다.

17

영원의 빛이 된

위대한 낙조

중은 제 죽을 자리를 아는 사람이다

탄허 노사의 열반은 71세가 되는 1983이다. 그런데 스님은 1982년 노환에 따른 진단 과정 중 한양대학교 병원에서 암 선고를 받으셨다. 당시 이를 판단한 담당 의사와 제자들이 스님을 걱정했지만, 스님은 "중은 제 죽을 자리를 아는 사람"이라면서, 아무 일 없다는 듯 그날로 월정사로 돌아오셨다. 날개를 접을 때를 아는 새만이, 언제나 또 다른 비상飛上 속에 존재할 수 있는 것이 아니겠는가!

암은 일반인에게는 두려움의 대상이다. 특히 80년대 암이란, 오늘날과 달리 그 이름만으로도 공포의 대상이 되기에 충분했다. 그러나 만년의 탄허 노사에게 있어서, 이것은 전혀 문제가 되지 않는 '항다반사恒茶飯事(일상사日常事)'에 지나지 않는 일일 뿐이었다.

우리는 이 대목에서 상원사를 지켜 낸 한암 노사를 떠올리

탄허의 예언과 그 불꽃 같은 생애

게 된다. 스승의 강개한 기상이 제자에게 전해졌음인가?! 이제
는 탄허 노사 또한 그 누구도 가지 않은 자신만의 길로 가고
있는 것이다. 그렇게 스님의 마지막 길은 평생의 화두였던 '화
엄'과 '대중교화'로 원만히 맺어지게 된다.

탄허 노사, 최후의 화엄을 말하다

탄허 노사는 70세가 되는 1982년 11월부터 돌아가시는 해
인 83년 2월까지, 월정사에서 병환의 노구를 이끌고 '제2회 화
엄학 특강'을 개최한다. 스님의 마지막 열정은 이렇게도 간절했
던 것이다.

당시 상황을 소개하고 있는 1983년 1월 7일의 《동아일보》
기사를 보자.

전국 제방에서 불교대교과佛敎大敎科 이상을 마친 승려60여
명과 일반대학을 졸업하고 불경에 조예가 있는 신도 6~7명
등 70여 명은 지난해 11월 15일부터 오는 1월 15일까지 현존
원로스님 중 최고권위의 탄허 큰스님으로부터 불경의 진수
를 배우기 위해 신년 연휴도 마다하고 정진하고 있었다.

이 기사를 보면 탄허 노사는 당시 조계종의 최고권위를 가진 분이었음에도, 이처럼 후학들을 위한 수고를 마다하지 않으셨던 것이다. 화엄 철학은 모든 존재의 차별상을 인정하는 화해와 평등의 사상을 말한다. 일반적으로 평등은 동일성을 통해서 발생한다. 그러나 이러한 평등은 현실에서 존재할 수 없고, 그렇기 때문에 대립과 갈등의 문제를 해소할 수 없게 된다.

그러나 화엄은 다름의 평등을 말한다. 마치 설악산의 단풍이 모든 나뭇잎의 다양한 가치가 한데 어우러진 대조화인 것처럼, 화엄은 다름을 용인하는 전체의 완성을 현시하는 가치이다. 그래서 화엄을 '잡화엄식雜花(華)嚴飾', 즉 다양한 꽃으로 장엄함이라고 하는 것이다.

화엄은 나비효과와 같은 다양성의 무한한 연결 속에서, 그 자체의 전체적인 완성을 본다. 이는 현대라는 다자간의 충돌과 갈등 속에서, 오늘날 또다시 화엄 철학이 요청받게 되는 이유가 된다.

탄허 스님은 시대를 위해, 평생에 걸쳐 화엄을 말씀하신 화엄학의 대종주大宗主이다. 그리고 마지막 끝의 불꽃 같은 열정을 살려, 화엄학 특강으로 당신의 일생을 마무리 짓고 있는 것이다. 공자는 『시경詩經』 속의 시 300편(실제로는 305편)을 한마디

탄허의 예언과 그 불꽃 같은 생애

로 요약하면, "사무사思無邪" 즉 '생각에 삿됨이 없다.'고 했다. 그런데 같은 방식으로 스님의 일생을 폐일언蔽一言하면, 그것은 바로 '화엄'이라는 두 글자가 될 것이다.

탄허 스님 최후의 발자취, 방산굴

탄허 노사는 1983년 6월 5일 입적하시게 되는데, 5월 무렵부터는 건강이 많이 좋지 않았다. 그러나 주위의 우려에도 불구하고, 틈날 때마다 당신의 마지막 번역이 되는 『도덕경』의 윤문에 몰입하셨다. 이러한 작업은 돌아가시는 일주일 전인 5월 30일까지도 계속된다. 이때를 기점으로 작업이 완료되었기 때문에, 이후 더 이상의 진행은 필요가 없었던 것이다.

탄허 노사는 작업을 마쳤다는 뿌듯함 속에서 환하게 웃으며, "이제는 할 일을 모두 마친 것 같다."고 하셨다. 이를 통해서 불교의 최고서인 『신화엄경합론』과 70세 때인 1982년 5월 31일에 출간하는 유교를 대표하는 전적인 『주역선해周易禪解』, 그리고 도가의 노자 『도덕경』까지를 모두 완료하게 된 것이다. 이는 탄허 노사가 늘상 주장했던 동양학의 회통과 원융의 모든 토대가 완성되었음을 의미한다.

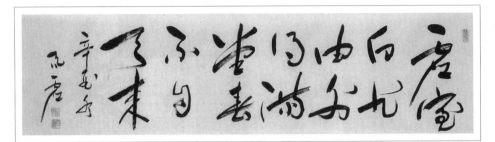

허실백虛室白

허실백비유외득 만당춘부자천래

虛室白非由外得 滿堂春不自天來

　　　　辛酉 冬　　呑虛

텅 빈 방의 흰 빛은 밖에서 얻어진 것이 아니요,
집 안 가득 봄기운은 하늘로부터 온 것이 아니다.

　　　　신유년(1981) 겨울　　탄허

이 『도덕경』은 이후 스님의 49재에 맞추어 출간·봉정된다. 스님은 법신의 세계에서 그것을 보시며, 무척이나 뿌듯하셨을 것이다.

남송 성리학의 집대성자 주자朱子(朱熹, 1130~1200. 3. 9)는 죽기 3일 전(1200년 3월 6일)까지 『대학장구大學章句』의 「성의장誠意章」을 고쳐 써 보완했다고 한다. 이것이 노학자의 마지막 열정이었다. 그런 점에서 탄허 노사는 주자를 닮았다. 그러나 주자가 단지 유교에만 천착했다면, 탄허 노사는 동양학 전반의 조화를 추구했다는 점에서 주자를 넘어서고 있다.

일본학자와 한국학자의 가장 큰 차이점은 일본학자는 나이가 들어도 학회에 참석하며 질문을 하는데, 한국학자들은 그렇지 않는다는 것이다. 한국인들은 언제부턴가 나이 들면 모든 것을 놓아 버려야 한다는 미명하에, 학문에 대한 열정은 없고 오직 고집과 욕심으로만 살아간다. 그러나 탄허 노사는 몸소 말하고 있다. 학자라면 죽음이 이르기 전까지, 학문에 대한 열정을 결코 놓아서는 안 된다고….

『열자列子』에는 공자에게 쉬고 싶어서 휴식에 관해서 묻는 자공의 이야기가 수록되어 있다. 이때 공자는 "삶에는 휴식할 곳이 없다."고 말한 뒤, 무덤을 가리키며 "저곳이 휴식할 곳"이라는 가르침을 준다. 이와 유사한 말이 『순자荀子』의 「대략大

설청구민 현판 說聽俱泯 懸板

說聽俱泯

법을 설하고 법을 듣는 자 모두 함께 없다.

略」편에도 있는 걸 보면, 이것이 공자의 인생관이라는 것을 우리는 알 수 있다. 그런데 탄허 노사의 마지막은 이러한 공자의 태도와 합치한다. 성인의 자취는 그렇게 서로 서리는 것이다.

『주역』'건괘乾卦'에는 "천행건天行健 군자이자강불식君子以自强不息"이라는 말이 있다. 이는 "하늘의 움직임은 굳건하여 멈춤이 없으니, 군자는 이것을 본받아 스스로 굳세어 쉬지 않는다."는 뜻이다. 『중용中庸』에도 "지성무식至誠無息"이라고 해서, "지극한 진실함에는 쉼이 없다."는 내용이 있다. 이렇게 놓고 본다면, 탄허 노사는 유학자의 경계를 넘어선 최고의 승려라고 하겠다.

위대한 낙조와 민중의 그리움

탄허 스님의 열반은 소박한 담담함으로 마쳐진다. 스님은 71세 때인 1983년 6월 5일 당신께서 직접 터를 잡고, 『신화엄경합론』 번역에 매진하셨던 오대산 월정사의 방산굴에서 출가하신지 49년 만에 조용히 열반에 드신다. 전통의 향기를 간직한 마지막 명안종사는明眼宗師는 그렇게 천화하신 것이다.

이로써 스님의 정열적인 인생에 비로소 해탈이라는 존재의 휴식이 깃들게 된다. 우리는 그분이 너무 일찍 갔다고 생각하지만, 마치 붓다에게 쥔 주먹(악권握拳)이 없듯이 스님은 우리들을 위해서 모든 일을 하시고 그렇게 태고의 고요함으로 돌아가신 것이다.

그러나 뒤에 남은 사람들은 스님에 대한 깊은 그리움 속에서, 스님을 차마 떠나 보내지 못하고 추모 사업을 하게 된다. 이것이 바로 중생의 한계에 의한 중생심衆生心이리라. 그래서 1984년 11월에는 탄허 스님을 기리는 재가인들이 주축이 된 (재)탄허불교문화재단이 설립된다. 또 3주기를 맞은 1986년 6월 1일, 문도들은 상원사의 한암 스님 곁에 탄허 스님의 부도와 비석을 모신다. 이제 두 스님은 함께한 17년을 넘어서 함께할 영원을 맞게 된 것이다.

이후로 2003년에는 오대산의 탄허 스님 제자들이 주축이 되어, 탄허 노사의 법어집인 『방산굴법어』가 간행된다. 또 탄허 스님 탄신 100주년이 되는 2013년에는 국립중앙박물관에서 근현대 고승 최초로 '월정사의 한암과 탄허'라는 특별전이 개최되고, 스님을 기리는 증언집인 『방산굴의 무영수 상·하』가 문도들에 의해서 간행되기에 이른다. 그리고 5년 후인 2018년에는 한국정신문화연구원에서 문광 스님에 의해 「탄허 택성의 사교(유·불·선·기독교) 회통 사상」의 제목으로 박사논문이 발표

된다. 이제 탄허 스님은 오대산을 넘어, 국립중앙박물관과 박사논문으로 거듭나 한국불교의 거목이자 별이 되신 것이다.

그림자 없는 사람을 그리려는 것은 분명 애달픈 일이다. 그러나 그러한 노력이 스님의 정신을 되살려 '탄허학呑虛學'을 정립할 수 있다면, 사족蛇足이라도 때로는 틀린 것만은 아니리라. 그래서 오늘날에도 우리는 탄허 스님을 추념하는 '물 위의 그림'을 그린다. 그것은 흔적 없는 흔적으로서, 영원한 시대정신의 사표가 된 스님의 자취를 영원의 울림으로 되살려 낼 수 있기 때문이다.

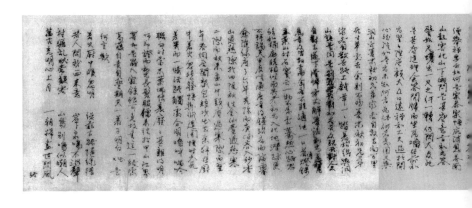

1. 일생패궐—生敗闕

한암 선사의 자전적 구도기 일생패궐. 탄허 스님께서 만년필로 쓰신 글씨.

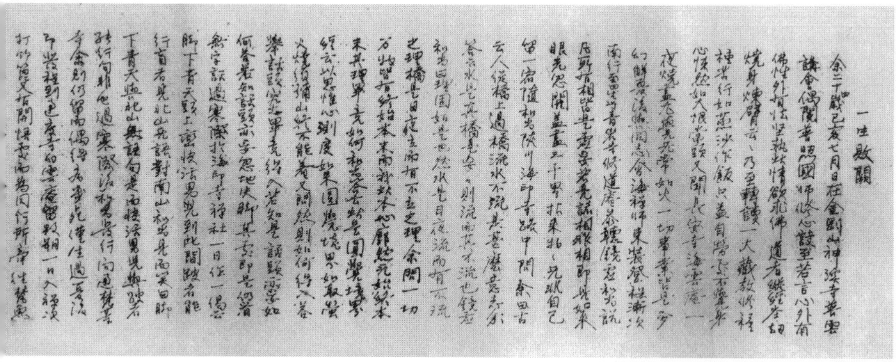

一生敗闕

余二十四歲乙亥七月日在金剛山神溪寺普雲

2. 한암부도비명

탄허 스님이 지은 스승 한암 선사 비문. 비(碑)는 오대산 상원사에 있다.

탄허의 예언과 그 불꽃 같은 생애

3. 법흥사 법당 중건 상량문

탄허 스님이 지은 사자산 법흥사 법당 중건 상량문

獅子山法興寺法堂重建上梁文

伏以獅山之擅形勝은 盖因如來舍利之廟요 寺院之有興廢는 實關
世代盛衰之運이라 以今視昔컨대 其舊如新이라 苟無輪奐之宏模
면 曷稱奉安之盛觀이리오 距舊甲營運之初컨대 將近千餘라 爲寶
宮重修之擧 殆過數次로다 夫何時運之遷移로 乃當蕭條之否會아
棟樑頹落하니 人皆指點而發嗟하고 庭墟荒凉하니 孰不彷徨而興

獅子山法興寺法堂重建上梁文

伏以獅山之擢形勝　蓋因如來會利之廟　寺院之有奧慶　宗開女代盛裏之宅以　今祝吾其鶴以新爲无輕奧之宏模昌　令業高之盛觀豈業甲堂之初將　稱幸高之寶觀　近于今餘爲寶宮重修之舉　弘遠格次文　何時乏之還福　乃嘗當修之否云栋　樣積商人皆拓點而發惶庭境荒涼　物不彷徨之興感自是　遂言此名區失光輝　寶山禪師實吾家碩德　思沙門之羞　感多士之嘆　化行鳩財工事就役　方乃經營之不幾　居然輪奐之如前　軒窓欄楹傚舊成而敞高　卅木山川呈新彩而欣喜　誠慈藏法力之冥加　亦檀信願意之攸及　不但一方之大幸　實爲百世之鴻休　爰卜吉日　乳虹梁敢將誦禱之荒詞　庸效敬慕　兒郎偉抛梁東　吳之第和化春風

感이리오 自是而勝地減聲價하야 遂今此名區 失光輝어늘 今寶山
禪師는 實吾家碩德이라 思沙門之羞하고 感多士之嘆하야 化行鳩
財하야 工事就役하니 方乃經營之不幾에 居然輪奐之如前이라 軒
窓欄楹이 傚舊成而敞高하고 草木山川이 呈新彩而欣喜라 誠慈藏
法力之冥加요 亦檀信願意之攸及이로다 不但一方之大幸이라 實
爲百世之鴻休로다 爰卜吉日하야 將擧虹梁할새 敢將誦禱之荒詞
하야 庸效敬慕之微悃이라

兒郎偉抛梁東하니 熙熙萬物化春風이로다

欲知上下同流處인댄 只在吾心一念中이로다

兒郎偉抛梁西하니 群類收藏自爾齊라

歛華就實只如許하니 點檢身心德日躋로다

兒郎偉抛梁南하니 發育洋洋大化覃이라

列嶽九仙常拱揖하니 自然道俗幷來參이로다

兒郎偉抛梁北하니 萬化寂然尋不得이라

誰識生生在此中가 貞元終吉難容息이로다

兒郎偉抛梁上하니 太虛寥廓三光朗이라

此心本滅一毫私요 自體元來明且廣이라

兒郎偉抛梁下하니 紛紜世道如長夜라

叮嚀至訓在遺經하니 力學何難一變化오

伏願上梁之後에 廟貌長新하고

佛教丕闡하야 鴻基는 共天地而偕存하고

虹梁은 與磐泰之永固하야 將救末流頹靡之弊하야

永爲吾道扶護之方하소서

世尊 應化 二九六六年 己卯 仲秋下澣 甲戌

五臺山人 釋宅成 謹識

생각해 보면, 사자산이 빼어난 명성을 독차지한 것은 부처님의
사리를 봉안한 사원이 있기 때문이요, 사원의 흥망이란 한 세대
의 성쇠(盛衰)에 관련되어 있다. 오늘날의 입장에서 옛일을 돌이

켜보면, 그 옛일이 오늘 일처럼 새롭게 느껴진다.

만일 사원에 우뚝한 법당의 규모가 없었다면 어떻게 부처님의 진신사리를 봉안한 훌륭한 모습에 걸맞을 수 있겠는가? 지난 옛날 이 사원을 창건한 시대와는 무려 천여 년에 가깝다. 그 사이 적멸보궁의 중수도 여러 번 있었는데, 어찌하여 시운(時運)의 변천으로 이에 사원이 황폐하게 되었을까? 대들보가 무너짐에 모든 이들이 가리키며 탄식하였고 법당의 빈 뜰이 황량하니 누군들 방황하며 탄식하지 않으리? 이 때문에 빼어난 성지(聖地)는 그 명성이 사라져 그 유명한 법흥사 적멸보궁이 마침내 빛을 잃게 되었다.

오늘날 원보산(元寶山) 선사는 우리 불문의 큰스님이시다. 스님들이 부끄러워함을 생각하고 여러 신도들의 탄식한 바에 느낀 바 있어, 스스로 화주가 되어 재정을 마련하여 중건불사를 시작하였다. 불사를 시작한 지 얼마 안 되어 우뚝 솟은 훌륭한 법당은 예전과 같았다. 정자, 창문, 난간, 기둥이 예전과 같으나 더욱 우람하고 풀, 나무, 산, 시냇물도 새롭게 빛나 기뻐하였다.

이는 자장율사의 법력이 보이지 않게 도운 것이며, 또한 신도들의 간절한 바람이 있었기 때문이다. 이는 한 지방의 커다란 행복에 그칠 일이 아니라, 참으로 백세(百世)의 크나큰 아름다움이다. 이에 좋은 날짜를 잡아 대들보를 올리고자 하기에 감히 복을 비는 글로써 사모하는 작은 정성을 바치는 것이다.

어영차, 동쪽으로 상량 올리니

윤기 나는 만물이 봄바람에 젖누나
하늘땅이 함께 하는 곳 알고자 하면
그것은 내 마음, 한생각에 있노라

어영차, 서쪽으로 상량 올리니
여러 중생 머물 곳 절로 엄숙하다
외화(外華) 감추고 내실(內實)로 그렇게 살아가니
몸과 마음 살피며 덕이 날로 높아간다

어영차, 남쪽으로 상량 올리니
만물은 넘실넘실 천지조화 가득하다
늘어선 산등성이 아홉 신선 머리를 조아린 듯
저절로 승속이 모두 찾아오네

어영차, 북쪽으로 상량 올리니
모든 조화 고요하여 찾을 수 없다
생생(生生) 이치 이 가운데 있는 줄 누가 아는지
참된 근원 끝내 길하여 쉼이 없어라

어영차, 위쪽으로 상량 올리니
우주는 툭 트여 해 달 별이 맑아라
이 마음 본디 한 터럭 사사로움 없어
원래 그 자체가 밝고 드넓어라

어영차, 아래쪽으로 들보를 놓으니
어지러운 세상 기나긴 밤과 같아라
지극한 가르침 경전에 담겨 있으니
힘써 공부하면 변화에 무슨 어려움이 있겠나

엎드려 바라오니 상량을 올린 뒤에
법당의 모습은 영구히 새롭고
부처님 가르침 크게 펼쳐지고
법당의 큰 주춧돌 하늘땅과 함께하고
대들보는 길이 반석이나 태산처럼 견고하여
말세의 무너진 폐단을 구제하여
길이 우리 불법을 보호하여 주소서.

불기 2966년(1939) 기묘 중추 하순
오대산인 석택성 삼가 짓다

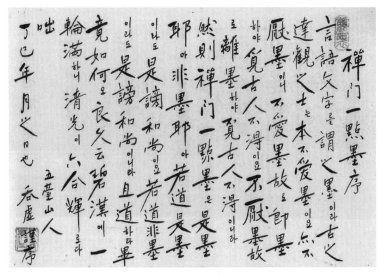

4. 선묵禪墨

경봉 스님 선묵(禪墨). 선문묵일점 서(禪門墨一點 序)

『禪門墨一點』序

言語文字를 謂之墨이라 古之達觀之士는 本不愛墨이요 亦不厭墨
이니 不愛墨故로 卽墨하야 覓古人不得이요 不厭墨故로 離墨하
야 覓古人不得이니라.

然則 禪門墨一點은 是墨耶아 非墨耶아 若道是墨이라도 是謗和
尙이요 若道非墨이라도 是謗和尙이니라 且道하라 畢竟如何오.

良久云

탄허의 예언과 그 불꽃 같은 생애

碧漢에 一輪滿하니

淸光이 六合輝로다

咄!

丁巳　吞虛 識

언어문자를 일러서 먹물[墨]이라 한다. 예로부터 달관한 이들은 본래 먹물을 좋아하지 않았고, 또 싫어하지도 않았다. 먹물을 좋아하지 않았던 까닭에 먹물에 나아가 옛 사람의 뜻을 찾아보려고 해도 찾아볼 수 없고, 먹물을 싫어하지 않았던 까닭에 먹물을 떠나서도 고인의 뜻을 찾아볼 수 없는 것이다.

그렇다면 『선문묵일점』은 먹물인가, 먹물이 아닌가. 만일 먹물이라 말하여도 스님을 비방하는 것이요, 설사 먹물이 아니라 말하여도 스님을 비방하는 것이다.

또 말하여 보라. 필경 어떤 것일까?

말없이 앉아 있다가 말하였다.

하늘에 둥근 달이 솟으니

맑은 광명이 우주에 빛나노라

쯧쯧!

정사년(1977) 탄허 쓰다

5. 선묵禪墨

　　　　　　탄허의 예언과 그 불꽃 같은 생애

道契則霄壤共處
趣異則覿面楚越
相逢此理立談者
千萬人中無一人
　　　　吞虛

'도(道)'가 계합하면 하늘과 땅이 한곳이고
뜻이 다르면 얼굴을 대면하고 있어도 남과 북이다.
이 이치로 상봉해서 담론할 수 있는 자는
천만인 중에 그대 한 사람뿐이네.
　　　　　　　　　　　　　　탄 허

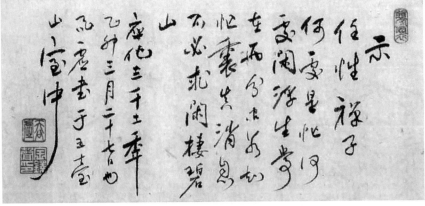

6. 계문

示任性禪子

何處是忙何處閑 浮生常在兩分間 若知忙裡眞消息, 不必求閑棲碧山

應化三千二年乙卯三月二十七日也 呑虛 書于五臺山室中

임성 선자에게 주다.

어디가 바쁜 곳이며 어디가 한가로운 곳인가?

허망한 인생은 항상 이 둘 사이에 있네.

만약 바쁜 가운데 참 소식을 안다면

굳이 한가함을 찾아 산중에 살 필요가 없네.

응화 삼천이년 을묘 삼월이십칠.

탄허 오대산 실중(室中)에서 쓰다.

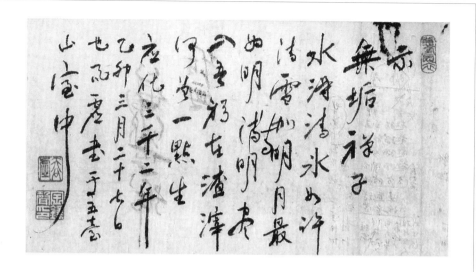

7. 계문

示無垢禪子
水得淸水如許淸 雪加明月最爲明 淸明盡入吾躬在 渣滓何曾一點生
應化三千二年乙卯三月二十七日也 呑虛 書于五臺山室中

무구선자에 주다.

물을 맑다고 하지만 얼마나 맑은가? 눈 위에 명월이 가장 맑네.

청명함은 모두 내 자신에 달려 있나니 더러움을 어찌 한 점 추가
하리오.

응화 삼천이년 을묘 삼월이십칠.

탄허가 오대산 실중에서 쓰다.

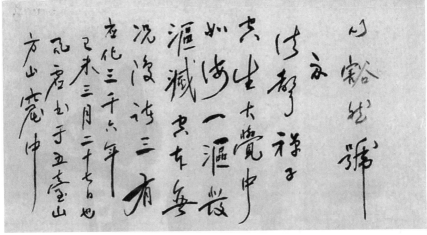

8. 게문

以豁然號 示法性禪子
空生大覺中 如海一漚發 漚滅空本無 況復諸三有
應化三千六年己未三月二十七日也
吞虛 書于五臺山 方山窟中

활연이라는 호(號)를 법성 선자에게 주다.
공은 대각 가운데서 나오나니
그것은 마치 바다에서 하나의 물거품이 일어나는 것과 같다.
물거품이 사라지면 공도 본래 없나니
하물며 다시 삼유(욕계, 색계, 무색계)가 있겠는가?
　　　　　　응화 삼천육년 기미년(1979) 삼월이십칠일
　　　　　　　　탄허가 오대산 방산굴에서 쓰다.

9. 방산굴 주련

饑粲無米飯　渴飮不濕水
坐水月道場　做空華佛事

배고프면 쌀 없는 밥을 먹고
목마르면 젖지 않는 물을 마신다.
청정한 수월도량에 앉아서
허공 꽃 불사를 짓는다.

　　　탄허 스님이 주석하셨던 오대산 월정사 방산굴(方山堀).
　　　주련은 탄허 스님 글씨.

10. 오대산 상원사 문수전文殊殿 주련

祖印恒作七佛師　大智亦爲菩薩首

刹刹現身示無身　普令衆生超三有

조사의 심인으로 항상 칠불의 스승 되셨고,

큰 지혜는 보살 가운데 으뜸일세.

온 세상에 몸 나투되 몸 없음을 보이시어

모든 중생들로 하여금 삼계에서 벗어나게 하시네.

※이 게송은 문수보살(文殊菩薩)을 찬탄한 게송으로
　오대산 상원사 문수전 주련 일부.

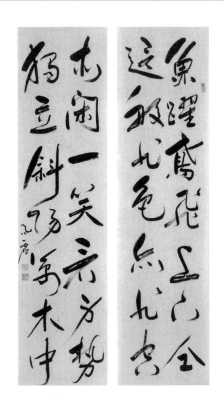

11. 어약연비

漁躍鳶飛上下同　　這般非色亦非空

等閑一笑看身勢　　獨立斜陽萬木中　　　吞虛

고기 뛰고 솔개 낢이여, 위아래가 같나니
이 도리는 색(色)도 아니요 공(空)도 아니네
무심히 미소 지으며 자신을 돌아보니
석양빛 만목(萬木) 속에서 홀로 서 있네. 　　탄허

※이 시는 율곡 이이(李耳)의 시다.

12. 문수보살장 게송(원각경)

文殊汝當知 一切諸如來 從於本因地 皆以智慧覺 了達於無明
知彼如空華 卽能免流轉 又如夢中人 醒時不可得 覺者如虛空
平等不動轉 覺遍十方界 卽得成佛道 衆幻滅無處 成道亦無得
本性圓滿故 菩薩於此中 能發菩提心 末世諸衆生 修此免邪見

吞虛

문수여, 그대는 마땅히 알라. 일체 모든 여래께서 본래 수행 시에
다 지혜의 깨달음으로써 무명을 요달하셨느니라.

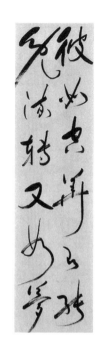

그것이 허공 꽃인 줄 알면 곧 능히 유전을 면할 것이며,

꿈속에서 만난 사람 꿈을 깨고 나면 없음과 같느니라.

깨달음이란 허공과 같아서 평등하여 달라지지 않으니

깨달아 시방세계에 두루하면 곧 불도(佛道)를 얻으리라.

뭇 환(幻)은 멸하여 자취가 없으며

도를 이룸도 또한 얻음이 없으니

본성이 원만하기 때문이니라.

보살이 이 가운데서 능히 보리심을 일으키나니

말세의 모든 중생들도 이를 닦으면 사견을 면하리라.

탄허

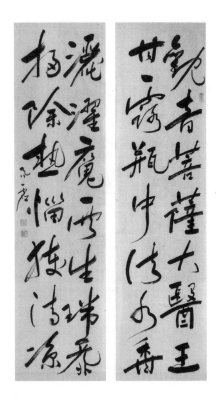

13. 쇄수게

觀音菩薩大醫王　甘露瓶中法水香
灑濯魔雲生瑞氣　消除熱惱獲淸凉

관세음보살 대의왕이시여,
감로정병에서 피어오르는 법수의 향기,
마군의 구름 씻어 주고 상서로운 기운이 뿜어져 나오니,
뜨거운 번뇌 사라지게 하고 청량함을 얻게 하네."

탄허의 예언과 그 불꽃 같은 생애

14. 문수보살 항마게 文殊菩薩降魔偈

石火電光能幾何　可憐恩愛受奔波
皮乾常戀資財廣　黃瘦猶貪酒色多
夕死朝生那肯息　心魂追去見閻羅
絲毫罪孼從頭數　文簿分明定不蹉
嗟送鐵床銅柱獄　言聲哀告告吟哦
我今悔恨修行晚　免得輪廻變馬騾
累世業冤因自昧　未能成佛豈由他
人人有個眞如性　生死誰能肯鍊磨

吞虛

전광석화같이 빠른 세월 그 얼마나 된다고
은혜와 사랑 받으려고 이리저리 뛰고 있나
피골이 말랐는데도 재물을 모으려고 하고
누렇게 뜬 얼굴인데도 주색만 탐하는구나
저녁에는 죽고 아침이면 다시 소생하니
마음과 혼백은 달려가서 염라대왕을 만나는구나
실낱같은 죄업들은 머리부터 발끝까지
저승 기록 분명하니 피해가긴 글렀도다
슬프도다. 철상지옥, 동주지옥으로 보내지니
아이고, 아이고 울부짖는 소리
이제 뉘우친들 수행하긴 늦었도다.
윤회 벗어나길 바랐더니 말과 노새가 되었네
누대에 걸친 업과 원한으로 스스로 어두워졌나니
성불하지 못하는 게 어찌 남의 탓이리오
사람마다 누구든지 진여 성품 있는지라
생사의 길에 누가 능히 즐겨 닦아 갈 것인가?

탄허

탄허의 예언과 그 불꽃 같은 생애

15. 서간문

탄허 스님이 입산 전 스승 한암 선사께 보낸 편지

[원문]

俗生 金鐸은 白하노이다

未抍德儀하고 遽以書瀆하니 誠惶誠恐하야 莫知措躬이니이다 而
自以區區素仰하야 殆未弛於食息하나 只有心夢往來而莫之及也이
니이다

伏惟

尊候萬福하시며 結珠煉丹에 從容精熟하사 日有海濶天高底氣象
否닛가 無任欽羨攢賀之至오이다

俗生金鐸은 素以井邑賤蹤으로 流落湖西한지 四載於此니이다
年今二十이나 根淺而學疎하야 聞道不信하고 信道不篤하야 多有
懷珠喪珠와 騎驢覓驢之失하야 因致喚鐵作銀하며 磨甎成鏡之
病하니 良可嘆也니이다 加以家累外物로 人慾이 日肆하야 耳蕩
於聲하고 目眩於色하야 比如牛山之木이 已被斧斤之伐하고 而又
爲牛羊之牧하니 非無雨露之所潤이나 而萌蘗이 不得以長焉하니
其餘存者가 嗚呼幾何닛가 詩云心之憂矣라 如非澣衣라하니 正是
俗生之謂也니이다 自顧身邊건대 如是可憐하야 竟作河漢同歸런들
那得磨白浦에 濯垢滌塵하고 洗心淨念하야 永受淸福於三淸界二

大宮耶닛가 何其執下는 有此淸福하사 入山修道하시고 脫屣忘世
닛가 雖欲從之나 末由也己니다 當趁明春하야 晉謁爲計나 而塵
緣이 未盡하고 道路가 且遠하야 亦不可必也니다 顧此氣質이 懦
弱하고 心志가 搖揚하야 未堪當途循轍이나 唯其所望者는 幸得
長者之敎하야 以補其過니다 然而爲人이 如是하니 君子가 肯與之
語哉닛가

執下가 儻不置疎棄而辱敎之則俗生之至願이 可云畢矣니다

壬申年(1932) 八月十四日

金鐸 上書

[번역]

속생 금택은 글을 올리나이다.

거룩하신 모습을 뵙지 못하고 당돌하게 글을 올리게 되니 참으
로 황공하여 몸둘 바를 모르겠나이다. 스님을 우러러 존경하는
저의 마음은 잠시도 쉼이 없으나 다만 마음과 꿈을 통하여 오고
갈 뿐 미칠길이 없나이다.

엎드려 생각하오니,

존후(尊候) 만복하시며 도를 닦는데 조용하고 정숙하시어 날마다
바다처럼 넓고 하늘처럼 높은 기상(氣象)을 가지고 계신 듯합니
다. 흠모하여 우러름을 어쩔 줄 모르겠나이다.

속생 금택은 본디 정읍의 천한 출신으로 호서(湖西)에 흘러온 지
가 이제 4년이 되었습니다. 나이는 20세로서 근기가 박약하고 배
운 것도 형편없어 도를 듣는다 해도 믿지 못하고 도를 믿는다 해

도 돈독하지 못하여 구슬을 품고도 구슬을 잃어 버리거나 나귀(騎驢)를 타고서도 나귀를 찾는 허물이 있으며, 또 쇠(鐵)를 은(銀)으로 부른다거나 벽돌을 갈아[磨磚] 거울로 만드려는 병폐에까지 이르렀사오니 참으로 탄식할 만하옵나이다.

더구나 처자식 등 가족[家累]과 외물(外物, 마음에 拘礙되는 것)과 인욕(人慾)이 날로 더하여 귀는 소리에 탕진되고 눈은 물색에 가리워졌습니다. 비유컨대 마치 우산(牛山)의 나무들이 도끼와 연장에게 베임을 당한데다 소와 염소들에게도 뜯어 먹히는 꼴이 되어, 비와 이슬이 촉촉이 적신다 해도 싹이 자랄 수 없게 된 것과 같사오니, 그 밖의 남은 것이야 얼마나 되겠습니까?

시경(詩經)에 "마음에 근심됨이 때묻은 옷을 입은 것과 같다."고 한 것은 바로 속생(俗生)을 두고 말한 것 같습니다.

저의 신변을 돌아보면 이와 같이 가련하여 마침내 하수(河水)와 한수(漢水)가 한 곳으로 돌아간다고 한들 어떻게 흰 폭포수에서 때와 먼지를 깨끗이 씻고 마음과 생각을 청정하게 하여 삼청계이대궁(三淸界二大宮)에서 청복(淸福)을 길이 받겠나이까? 어쩌면 그렇게도 집하(執下)께서는 청복이 있으시어 입산수도 하시고 헌신짝을 벗고 속세를 잊으셨나이까?

비록 좇고자 하나 따를 수가 없나이다. 명년 봄을 기하여 나아가 뵈올 계획이오나 속세 인연이 아직 남아 있고 도로(道路)도 또한 멀고 머니 꼭 단정할 수는 없습니다.

돌아보건대 저는 기질(氣質)이 나약(懦弱)하고 심지(心志)가 굳지 못하여 훌륭하신 발자취 따라가는 것조차 감당 못하오니, 오직 바

라는 바는 다행이 장자(長者)의 가르침을 얻어서 그 허물을 적게
하는 것 뿐이옵니다.

그러나 사람됨이 이와 같사오니 군자(君子)께서 기꺼이 더불어 말
씀해 주실런지요?

집하(執下)께서 만일 버리시지 않고 가르쳐 주신다면 속생(俗生)의
지극한 소원을 다하였다고 할 만합니다.

임신년(1932) 8월 14일

금택 상서

16. 서간문

한암 선사가 제자 탄허에게 보낸 답서(1)

[원문]

細讀來書하니 足見向道之誠也라 年壯氣豪하야 作業이 不識好惡之時에 能立丈夫志하야 欲學無上道하니 非宿植善根之深이면 焉能如是리요 多賀多賀하노라. 然이나 道本天眞하면 亦無方所하야 實無可學이라 若情存學道하면 却成迷道하거니 只在當人의 一念眞實而已니라 且孰不知道리요만은 知而不行故로 道自遠人하나니라 昔에 白樂天이 問道於鳥䆘禪師한데 師曰 諸惡을 莫作하고 衆善을 奉行이니라 天이 曰 三歲小兒라도 亦能說得이니이다 師曰 三歲小兒雖說得이나 八十老人行不得이라하시니 此語雖似淺近이나 然이나 介中에 自有深妙道理則 深妙는 元不離於淺近中 做將去也라 不必鬧求靜하고 棄俗向眞이니라 每求靜於鬧하고 尋眞於俗하야 求之尋之하야 到無可求無可尋之處則自然鬧不是鬧요 靜不是靜이며 俗不是俗이요 眞不是眞이라 猝地絶爆地斷矣니라 到恁麽時하야 喚甚麽道오 是可謂一人이 傳虛에 萬人이 傳實이니라 然이나 切忌錯會어다 一笑하노라

漢岩

보내온 글을 자세히 읽어보니 족히 도에 향하는 정성을 보겠노라. 장년의 호걸스러운 기운이 넘쳐서 업을 지음에 좋은 일인지 나쁜 일인지도 모를 때에 능히 장부의 뜻을 세워 위없는 도를 배우고자 하니 숙세(宿世)에 심은 선근(善根)이 깊지 않으면 어찌 능히 이와 같으리오. 축하하고 축하하노라.

그러나 도(道)는 본래 천진하여 방소(方所)가 없어서 실로 가히 배울 게 없다. 만일 도를 배운다는 생각이 있다면 문득 도를 미(迷)함이 되나니, 다만 그 사람의 한생각 진실됨에 있을 뿐이다. 또한 누가 도를 모르리오마는, 알고도 실천을 하지 않으므로 도에서 스스로 멀어지게 되나니라.

예전에 백락천이 조과선사에게 도를 물으니 조과 선사가 이르기를, "모든 악을 짓지 말고 모든 선을 받들어 행할지니라." 하니, 백락천이 이르되, "그런 말은 세 살 먹은 아이라도 할 수 있는 말입니다."

선사가 이르시되, "세 살 먹은 아이라도 비록 말은 할 수 있지만, 팔십 먹은 노인이라도 실천하기는 어렵다." 하시니, 이 말은 비록 얕고 속된 것 같으나 그 가운데 깊고도 오묘한 도리가 있으니, 깊고 오묘한 도리는 원래 얕고 속됨을 여의지 않고 이루어지나니라. 반드시 시끄럽다고 고요한 것을 구하거나, 속됨을 버리고 참됨을 향하지 말지니라. 매양 시끄러운 데서 고요함을 구하고 속됨 속에서 참됨을 찾아, 구하고 찾는 것이 가히 구하고 찾음 없는 데 도달하면, 시끄러움이 시끄러운 것이 아니요, 고요함이 고요한 것이 아니며, 속됨이 속된 것이 아니요, 참됨도 참된 것이 아니니라. 졸지에 끊어지고 졸지에 단절될 것이니 이러한 시절을 무어라고 말해야 하는가. 이것이 이른바 한 사람이 허(虛)를 전함에 만 사람이 실(實)을 전하는 도리니라. 그러나 간절히 바라노니, 잘못 알지 말지어다. 한 번 웃노라.

한암

17. 서간문

한암 선사가 제자 탄허에게 보낸 답서(2)

[원문]

蒙賜書하야 披讀再三하니 好一段文章筆法이라. 當此舊學問破壞
之時하야 其文辭之機權意味가 何若是魅佛耶아 竝前書하야 留
爲山中之寶藏耳로라 如公之才德은 雖古聖이 出來라도 必贊美不
已也로대 而能從事於有若無實若虛하니 孰不景仰其高風哉아 衲
素不能於吟詠而已爲心月이 相照하야 不可以默然故로 玆構荒辭
而呈하니 幸賜一笑焉이니라

漢岩

[번역]

보내온 글을 두 번 세 번 읽어 보니 참으로 좋은 일단의 문장이
요, 필법이라. 구학문이 파괴되는 때를 당해서 그 문장의 기권(機
權)과 의미가 어찌나도 부처님 글처럼 매력이 넘치던지 먼저 보내
온 글과 함께 산중의 보장(寶藏)으로 여기겠노라.

공(公)의 재주와 덕행은 비록 옛 성현이 나오더라도 반드시 찬미하
여 마지않을 것이다. 있어도 없는 듯하고 차 있어도 비어 있는 듯
이 노력하니, 어느 누가 그 고풍(高風)을 경앙(景仰)하지 않겠는가.

납자(衲子)가 평소에 음영(吟詠)은 하지 않지만 이미 마음달이 서로 비추었으니 묵묵히 있음은 옳지 않기에 문장을 엮어 보내니, 받아보고 한 번 웃을지로다.

한암

18. 서간문

金知見에게 보낸 答書

[원문]

十刹이 不如一孤菴이요 十菴이 不如一島嶼라 島嶼中에 住孤菴
하니 漢拏山 消息이 如何오.

呑 虛

[번역]

김지견에게

열 사찰이 작은 암자 하나만 같지 못하고

열 암자가 하나의 섬만 못한 것인데

섬 가운데 외로운 암자에 머무니

한라산 소식이 어떠하오.

탄 허

탄허의 예언과 그 불꽃 같은 생애

19. 서간문

김구산(金龜山) 교수에게 보낸 답서
— 물이 곧 물결이요, 물결이 곧 물이다 —

성화(聖華)는 일찍부터 많이 들었습니다. 그러나 일면지친(一面之親)도 없이 이처럼 간곡한 서신을 주셔서 감사보다는 죄송함을 금할 수 없습니다.

고인이 말하기를 "평상심(平常心)이 도(道)"라 했으니, 선생이 생활 한순간 한순간을 떠나서 따로 수행을 찾는다면, 그것은 도리어 옳지 못할 것입니다.

다시 말하면, 물이 곧 물결이요 물결이 곧 물이니, 물결을 여의고 물을 따로 찾을 수 없는 것과 같습니다. 맑은 물이 성인의 마음이라면 탁한 물은 범부의 마음이겠지요. 풍랑이 일어남에 따라 청탁의 구분이 있지만 젖는 자체[濕性]는 변함이 없는 것과 같이 육도윤회(六道輪廻)에 따라 성범(聖凡: 성인과 범부)의 차이도 있지만 그 마음의 본체는 변함이 없는 것입니다.

불타의 사상이 인도에서 중국으로, 중국에서 한국으로 오니까 공간적으로 수만 리의 격차가 있고, 시간적으로 3천 년의 역사를 지녔으니 어찌 이질성이 없겠습니까. 그러나 이질로 보면, 오늘 아침에 뜬 해가 어제 아침해는 아니며, 어제 아침 흘러간 물 역시 오늘 아침 흐르는 물은 아닙니다. 형상은 같은 듯 하지만 질은 바뀐 것입니다. 그러므로 필경 마멸하고야 마는 것이 우주의 법칙이 아니겠습니까? 그러나 천만 년 해가 가고 물이 흘러도 가지 않는 그것, 흐르지 않는 그것은 변함이 없겠지요. 이것이 바로 팔만대장경 교리에 설파한 내용이 아니겠습니까?

그리고 범서(梵書, 범어경전)를 한문으로 옮김에 있어서도 물론 변화가 있겠지요. 그러나 그 변화는 잘된 변화라고 봅니다. 왜냐하면 중국에서 탄생된 유교·도교의 사상도 불교의 영향을 많이 받은 것이 사실이지만, 불교도 또한 유교와 도교의 영향을 받지 않을 수 없었던 것입니다. 그렇기 때문에 범서로 된 『반야심경』을 놓고 어느 일구(一句)가 골자냐 물으면, 전문가들도 시원한 답을 못하는 데 반하여, 한역으로 된 『반야심경』을 놓고 어느 일구가 골자냐 물으면, 한학자로서는 누구나 서슴지 않고 지적할 수 있는 것입니다.

그리고 설법하는 법사와 청중인 신도 사이에 언어의 장벽이 있다는 말씀은 사실이라고 봅니다. 물론, 심오한 진리를 표현하다 보니 표현이 다 될 수 없을 뿐 아니라, 자기의 다소간 자득처(自得處)가 없이는 수박 겉핥는 식과 같아서 청중에게 깊은 자극을 주기가 곤란하겠지요. 그리고 종통(宗通: 뜻은 통했으나), 설불통(說不通: 설명을 잘못하는 이도 있고)도 있고 설통(說通: 설명은 잘 하나), 종불통(宗不通: 뜻에 대해서는 통하지 못한 사람)도 있어서 아무리 종지가 밝아도 해박한 지식이 없으면 설통이 될 수 없고, 아무리 설통이 훌륭해도 종지가 투명치 못하면 그것도 한계가 있는 것입니다. 그러므로 종설구통(宗說俱通: 뜻과 설명 모두에 뛰어나고)하고 선행겸

비(善行兼備: 행동도 깨끗한 것)를 '조사(祖師)'라 하는 것입니다.

저는 다소의 지식을 가지고 말은 하지만 설식기부(說食飢夫: 굶주린 사람이 밥먹듯 설명에 조리가 없다는 뜻. 겸사)와 같아서 참괴심을 금치 못합니다. 지면에 한도가 있어서 두서 없이 이렇게 생각나는 대로 실례하오니 선불간(善不間) 잘 취사(取捨)하시기 바랍니다.

1977년 呑 虛

20. 서간문

妙玄禪子에게 보낸 答書(1)

[원문]

西域의 伊字三點(∴).

이것은 縱橫幷別을 也難分이라하여 우리 마음을 表現한 것인데 즉 道는 縱(⋮)도 아니요 橫(⋯)도 아니요 三點이 붙은 幷도 아니요 三點이 떨어져 있는 別도 아니라는 것이네.

그러면 무엇이냐 곧 言語道斷하고 心行處滅이라는 道體를 그려 보인 것이네.

우리 마음의 時空이 끊어진 境地를 표현하자면 伊字三點에서 지나는 것이 없다는 것이지.

禪榻, 禪案, 禪座, 禪床 등은 平交나 乃至 手下에게 써 보내는 名詞요 手上에게 쓰는 名詞는 猊下, 座下, 尊軒, 尊座 等이라 하는 것이지.

元曉疏記 起信論 原稿가 요사이 끝이 났지. 이젠 金剛經만 남아 있지. 仔細한 말은 書信으로 不可能이기에 오늘은 이만 줄이고 健康히 工夫 잘하기를 빌며 모든 謝語는 心月相照中에 부쳐 두노라.

　　　　　　　　　　　　　　己未 閏六月 二十九日也

　　　　　　　　　　　　　　　　吞虛 謝書

[번역]

묘현 선자에게(1)

서역(西域)의 이(伊)자 3점(三點: ∴)

이것은 "세로나 가로나 함께 붙은 것이나 모두 떨어져 있는 것을 구분하기 어렵다." 하여 우리 마음자리를 표현한 것인데, 곧 도(道)란 세로(:)도 아니요 가로(⋯)도 아니요, 세 점이 붙은 것도 아니요. 세 점이 떨어져 있는 것도 아니라는 것이다.

그러면 무엇이냐? 곧 언어가 끊어지고(言語道斷) 마음까지 사라진(心行處滅) 도체(道體)를 그려 보여 준 것이다. 우리 마음의 시공이 끊어진 경지를 표현하자면 이자(伊字)의 세 점에 지나는 것이 없다는 것이지.

선탑(禪榻), 선안(禪案), 선좌(禪座), 선상(禪床) 등은 평교(平交)나 손아랫사람에게 써 보내는 명사이고, 손윗사람에게 쓰는 명사는 예하(猊下), 좌하(座下), 존헌(尊軒), 존좌(尊座) 등이라 하는 것이지.

원효소기(元曉疏記) 『기신론(起信論)』 원고가 요사이 끝이 났지. 이젠 『금강경』만 남아 있지. 자세한 말은 서신으로 불가능하기에 오늘은 이만 줄이고 건강히 공부 잘하기를 빌며, 모든 감사의 말은 심월상조(心月相照) 중에 부쳐 두노라.

기미년(1979) 윤6월 29일

탄 허 씀

※ 묘현 비구니에게 보낸 답서(答書). 묘현은 묘명과 함께 지금 부산 호명사에 수행 정진하고 있다. 이 스님들은 탄허 큰스님의 주선으로 같은 날 출가, 득도했다.

21. 서간문

妙玄禪子에게 보낸 答書(2)

[원문]

歲月이 가고 가지만 가지 않는 道理가 있는 것이니, 가고 가는 것은 萬物의 情이라면 가지 않는 것은 萬物의 性이겠지. 그러므로 宇宙萬法이 明心見道處가 아님이 없는 것이지.

楞嚴에 二十五圓通이라는 것이 六根, 六塵, 六識의 十八界에 地水火風空見識의 七大를 加하면 二十五가 되는데 情與無情의 宇宙萬法을 모조리 든 것이지. 이것은 우주 만법이 하나도 自己心外에 있는 물건이 아니라는 것을 열거함이지.

그러므로 入道의 門 多端하지만 總體的으로 말하면 色·聲·行 三門이라는 것이지. 一切色으로 들어가는 것은 文殊門이요 一切聲으로 들어가는 것은 觀音門이요 一切行으로 들어가는 것은 普賢門이라 하는 것이지. 그러니까 不在多言하고 念起를 무서하지 말고 오직 覺하기 더딤을 念慮하며 念이 起하면 곧 覺破하라 覺破하면 없다는 古人의 明訓이 바로 日用에 工夫하는 法이지 覺破한다는 것은 念起念滅의 實體가 없다는 것을 말함이 아니겠어. 이것은 觀照하는 禪法이어니와 話頭는 觀照와 覺破가 다 自在其中이지. 그래서 妙하다는 것이 아닐까.

탄허의 예언과 그 불꽃 같은 생애

古人들도 工夫가 마음대로 안 되어서 別別 方便을 다 써서 해 본 이가 많지 않았는가. 모두 애쓰고 난 나머지에 수월하게 되는 것이지. 처음부터 수월한 사람은 없을 것이야. 만일 있다면 前生의 宿薰이라고 보아야지.

나는 陰三月頃이면 金剛 原稿가 거의 끝남과 同時에 四敎가 脫稿되네. 出版하자면 여간 복잡한 일이 아니지.

工夫가 잘 된다고 좋아하면 歡喜魔가 붙은 것이요 안 된다고 짜증내면 悲魔가 붙은 것이니, 이런 생각 저런 생각 다 간섭하지 말고 오직 一味湯만 먹으면 모든 病은 저절로 물러갈 것이네. 만날 때까지 健康히 工夫 잘하기를 빌며 이만 줄이노라.

오늘 金剛五家解原稿가 半이 끝났기에 잠시 이 붓을 들고 答信을 보내니 頭序 없음을 容恕하고 보기 바라네.

陰己未 臘月 八日也

呑虛 謝書

[번역]

묘현 선자에게(2)

세월이 끝없이 흐르지만 변하지 않는 도리가 있는 것이지. 끝없이 흐르는 것이 만물의 정(情)이라면 변하지 않는 것은 만물의 본성(本性)이겠지. 그러므로 우주 만법이 마음을 밝히고 도를 깨달을 수 있는 것 아님이 없는 것이지.

능엄경에 25원통(圓通)이라는 것이 육근, 육진, 육식의 십팔계

(十八界)에 지, 수, 화, 풍, 공, 견, 식(地, 水, 火, 風, 空, 見, 識)의 칠대 (七大)를 추가하면 25(二十五)가 되는데, 정(情)과 무정(無情)의 우주 만법을 모조리 든 것이지. 이것은 우주 만법이 하나도 자기 마음 밖(心外)에 있는 물건이 아니라는 것을 열거한 것이네.

그러므로 입도(入道)의 문(門)은 많지만 총체적으로 말하면 색(色), 성(聲), 행(行) 세 가지 문(三門)이라는 것이네. 일체색(一切色)으로 들어가는 것은 문수문(文殊門)이요, 일체성(一切聲)으로 들어가는 것은 관음문(觀音門)이요, 일체행(一切行)으로 들어가는 것은 보현 문(普賢門)이라 하는 것이지.

그러니까 많은 말이 필요 없고 한 생각 일어나는 것을 무서워하지 말고 오직 깨달음이 더딜까 염려해야 하며, 생각이 일어나면 곧 (망상임을) 각파(覺破)하라. 각파하면 사라진다.”고 하는 옛 사람의 분명한 가르침이 바로 일용에 공부하는 법이지. 각파한다는 것은 생각이 일어나고 생각이 사라지는 실체가 없다는 것을 말함이 아 니겠어. 이것은 관조하는 선법(禪法)인데 화두는 관조와 각파가 모 두 그 가운데 있는 것이지. 그래서 묘하다는 것이 아닐까.

옛 사람들도 공부가 마음대로 안 되어서 별별 방편을 다 써서 공 부한 이가 많지 않았는가. 모두 애쓰고 난 나머지 수월하게 되는 것이지 처음부터 수월한 사람은 없을 것이야. 만일 그런 사람이 있다면 전생의 숙훈(宿薰)이라 보아야지.

나는 음력 3월경이면 금강경 원고가 거의 끝남과 동시에 사교가 탈고되네. 출판하자면 여간 복잡한 일이 아니지.

공부가 잘 된다고 좋아하면 환희마(歡喜魔)가 붙은 것이요, 안 된다고 짜증 내면 비마(悲魔)가 붙은 것이니, 이런 생각 저런 생각 모두 관계하지 말고 오직 일미탕(一味湯)만 먹으면 모든 병은 저절로 물러갈 것이네. 만날 때까지 건강히 공부 잘하기를 빌며 이만 줄이노라.

음력 기미년(1979) 12월 8일

탄허 씀

22. 서간문
妙玄禪子에게 보낸 答書(3)

[원문]

第一句가 玄中玄인데 여기서 알게 되면 佛祖의 師가 된다는 것이 지. 第二句가 用中玄인데 여기서 알면 人天師가 된다는 것이지. 第三句가 体中玄인데 여기서 알면 自救도 不了라는 것이지.

그리고 보면 八萬藏經의 道理는 臨濟의 體中玄에 不過하다는 것 이지. 그것은 從門而入者는 不是家珍이기 때문이지. 去年貧은 未 是貧이라 今年貧이 始是貧이요 去年에는 无(無)卓錐之地러니 今 年엔 錐也無로다 하는 말이 宿題가 되는 줄 생각해 보면 잘 알터 이니 아무쪼록 精進에 努力하기를 바라며 이만 줄이겠네.

庚申 臘晦

呑虛 謝書

[번역]

묘현 선자에게

제일구(第一句)가 현중현(玄中玄)인데 여기서 알게 되면 부처와 조 사의 스승이 된다는 것이고, 제이구(第二句)가 용중현(用中玄)인데 여기에서 알면 인천(人天)의 스승이 된다는 것이고, 제삼구(第三句)가 체중현(體中玄)인데 여기서 알면 자기 자신도 구제할 수 없다는 것이네.

이로 보면 팔만대장경의 도리는 임제의 체중현(體中玄)에 불과하네. 그것은 문(門, 대문)으로부터 들어온 것은 집안의 보배가 될 수 없기 때문이네. "지난해의 가난은 가난이 아니라 올해의 가난이야말로 비로소 가난이요, 지난해에는 송곳도 세울 곳이 없더니 올해엔 송곳마저도 없다."는 말이 숙제가 되는 줄 생각해 보면 잘 알 터이니, 아무쪼록 정진에 노력하기를 바라며 이만 줄이겠네.

경신년(1980) 섣달 그믐(臘晦)

탄허 씀

부록

탄허 스님의 미래인식과
현대사회의 다양성

탄허 스님의 미래인식과 현대사회의 다양성

Ⅰ. 서론-탄허의 미래인식을 어떻게 볼 것인가

중국문화에 있어서 『주역』은 유교의 최고 경전인 동시에, 위·진시대에는 『노자』·『장자』와 더불어 신도가新道家의 삼현학

三玄學 중 하나가 된다. 또 한漢나라 초기의 황노학黃老學 시절에 『주역』은 점을 치는 상수학象數學으로 발전하였으며, 위魏나라의 왕필王弼(226~249)에 의해서는 교훈적인 의리역義理易으로 이해된다. 이렇게 놓고 본다면, 동아시아의 중국문화에 있어서 『주역』만큼 폭넓은 영향과 대우를 받은 책도 없다.

실제로 『주역』은 진시황의 '분서焚書'에서도 예외가 되었으며, 주자의 해석과 다를 경우 사문난적斯文亂賊으로 몰리던 조선 후기의 폐쇄적인 사회에서도 문제가 안 되었다. 이는 『주역』이 점서占書이면서 동시에 최고의 철학서라는 다양한 관점을 견지했기 때문이다.

『주역』이 중국문화권 역사의 전시대를 통해서 고른 영향력을 확보할 수 있었던 것은, 현세만을 인정하는 일원론적인 배경 인식과 관련된다. 이로 인하여 소위 '춘추필법春秋筆法으로 대변되는 강력한 역사주의'와 『주역』의 미래인식'이 강하게 대두한다. 즉 하나의 유일한 세계에 대한, 과거와 미래의 인식이 바로 '역사'와 『주역』인 것이다.

『주역』의 역할은 의리역적인 이해로는 교훈을 얻는 것이며, 상수역으로는 미래를 인지하는 것이다. 그러나 양자는 이를 통해서 스스로를 반성하고, 보다 올바른 미래로 나간다는 점에서는 공통점을 확보한다.

상수역이라고 하더라도 전혀 바뀔 수 없는 것을 아는 것은 도움이 되지 않는다. 즉 인간이 미래를 알려고 하는 것은 이를 통해서 안 좋은 것은 바꾸고 좋은 것은 증장하기 위함이다. 이렇게 놓고 본다면, 미래인식이란 맞기 위한 것이 아니라 틀리기 위한 가치라는 것을 알게 된다. 즉 동아시아의 점 문화에는 미래에 대한 희망이 내포되어 있는 것이다.

탄허가 활약한 1960~80년대 초반은, 경제성장이라는 화두와 군부독재로 인해 사회적인 혼란과 민중의 정신에 어두운 그림자가 드리웠던 시기였다. 이때 탄허는 동아시아의 『주역』 전통을 바탕으로, 동양학과 구한말의 신종교적인 관점까지 아우른 융·복합적인 관점에서 우리나라와 민족에 희망을 안겨 주었다.

일제강점기와 미군정, 그리고 한국전쟁을 거친 우리나라는 폐허 속에서 미래가 상실된 국가였다. 이때 탄허에 의한 밝은 미래 제시는 우리 민족의 힘이 되기에 충분했다. 이런 점에서 본다면, 탄허는 나말여초의 도선道詵(827~898) 국사나 여말선초의 무학無學(1327~1405) 대사에 비견될 만하다. 새로운 전환과 혼란기 속에서, 개인의 이익을 위한 가치가 아닌 국가와 민족을 위한 선각자의 행보가 탄허에게서도 엿보이는 것이다.

이를 보다 분명히 하기 위해, 본 고의 제Ⅱ장에서는 동아시아의 일원론一元論적인 세계관에서 나타나는 특징과 불교적인 영향에 따른 소옹邵雍(강절康節, 1011~1077)의 변화 인식에 대해서 검토해 본다. 소옹의 세계관은 구한말의 후천개벽론後天開闢論을 통해서 탄허에게 강력한 영향을 주게 된다. 그러므로 이에 대한 검토는 탄허의 예지를 이해하는 데 있어서, 필연적인 배경이 되기 때문이다.

다음으로 제Ⅲ장에서는, 앞선 제Ⅱ장의 일원론적인 세계관의 연장선상에서 확인되는 동아시아의 이상세계론에 대해서 검토해 본다. 그리고 이를 바탕으로 하는 탄허의 미래 이상에 대한 긍정론의 성립에 대해서 이해해 보고자 한다.

끝으로 제Ⅳ장에서는, 탄허의 예지에서 나타나는 불교적인 영향과 특징에 대해서 살펴보게 된다. 이는 탄허의 예지가 단순히 소옹이나 김일부金一夫(1826~1898)에서 그치는 것이 아니라, 그 이상의 가치를 내포한다는 것을 의미하다. 이와 관련해서 본 고는 탄허 불교사상의 핵심이 되는 화엄과 선禪적인 영지靈知의 관점에서 탄허의 예지에 대한 측면을 검토해 보고자 하였다.

1929년 일제강점기라는 칠흑 같은 상황에서 인도의 시성詩聖 타고르(1861~1941)가 〈동방의 등불(A Light of the East)〉이라는 시로 우리에게 희망을 주었다면, 탄허는 격동의 시대 속에서 국가와 민족의 등대가 되었다.

탄허의 미래 예언은 탄허의 본질은 아니다. 그러나 그 속에
는 '우는 아이에게 누런 잎사귀(황엽黃葉)를 돈이라고 말해서 울
음을 그치게 하는 것(황엽지제黃葉止啼)'과 같은 선사의 선교방편
이 존재한다. 이것이야말로 『법화경』의 방편정신을 오늘에 일
깨운, 진실로 민중을 위해서 아파한 위대한 실천적 보살행이라
고 하겠다. 이런 점에서 본다면, 탄허의 미래인식과 관련된 동
양학적인 검토는 충분한 타당성을 확보하는 가치가 된다.

Ⅱ. 동아시아의 일원론과 불교적인 영향

1. 일원론一元論과 이원론二元論의 세계인식

동아시아의 중국문화권은 '제정일치祭政一致적인 특징'과 '일
원론적인 세계관'을 가진다.

이 중 먼저 제정일치와 관련해서, 우리는 중국문화권에서 군
주가 제사장의 역할을 겸하는 것을 살펴볼 수 있다. 이에 대한
객관적 사료의 역사적인 최고最古 기록은, 황하문명과 관련된
상商(은殷)나라의 '최고 신神격인 제帝'와 '군주인 제帝'의 관계이다.

탄허의 예언과 그 불꽃 같은 생애

여기에서 신격과 군주의 명칭이 같은 것은, 군주는 하늘의 상제上帝로부터 일체의 지상권을 위임받은 하제下帝라는 의미이다.[1] 그러므로 모든 지상은 하제의 관할에 의한 것으로 여기에는 예외가 존재할 수 없다. 즉 종교적인 독립성이 별도로 성립할 영역이 없는 것이다.

이는 은나라의 다음 왕조인 주周나라에서도 확인된다. 주나라의 '최고신은 천天'이며,[2] '군주의 명칭은 천자天子' 즉 천의 적자嫡子와 같은 지상의 권리를 위임받은 자이다.[3] 제帝가 인격신人格神이고,[4] 천天 또한 공자 무렵까지는 확실한 인격신이었다는 점은[5] 이와 같은 구조를 분명히 한다.

인격신인 천이 부여하는 지상의 군주권이 바로 천명天命이며, 이는 수덕修德에 의해서 옮겨질 수는 있는 것이기는 하지만[6] 이와 같은 경우에도 종교권 즉 사제권은 분리되지 않는다. 즉 천명이 바뀌는 것은 군주권과 사제권을 동시에 바꾸는 것이지, 하나만 선택적으로 바뀌는 것은 아니라는 말이다. 이는 전국시대 추연鄒衍의 오덕종시설五德終始說[7] 등을 통해서도 인지받아 볼 수 있다.

제帝와 천天이 인격신이며 천명이 옮겨지는 양상과 관련된 부분들은, 주周의 "문왕文王이 오르내려 (상)제(上)帝의 좌우에 있다"는[8] 구절이나 "천명미상天命靡常"의[9] 『시경』 기록 등을 통해서 단적인 인지가 가능하다. 또 이와 같은 천天과 천명, 그리고 군주의 관계는 중국철학의 이상인격 중 천인합일天人合一의 가치를 파생하게 된다.[10]

군주가 천지의 변화에 참여하는 존재라는 것은, 『노자老子』 제25장의 도道·천天·지地·왕王이 모두 '대大'가 된다는 관점을[11] 통해서도 시사받아 볼 수 있다. 이와 같은 인식은 후일 한대 동중서董仲舒(B.C. 179~B.C. 104)의 천인상응설天人相應說(천인상감설天人相感說)로까지 발전·전개된다.[12]

중국은 역사가 발전된 나라로 은나라 이전의 신화적인 역사까지도 존재한다. 그것이 소위 말하는 삼황三皇·오제五帝에 대한 기록인데, 사마천도 그의 『사기』「본기本紀」를 「오제본기五帝本紀」부터 시작하고 있다.[13]

삼황·오제의 비정방식에는 관점에 따른 차이가 존재한다.[14] 그러나 오제에 은나라의 시조인 탕湯왕이 들어가는 것은 일반적이다. 그러나 그 이전에도 당요唐堯·우순虞舜·하우夏禹가 존재하며, 이들 중 하夏나라는 구체적인 역사가 존재하고 있어, 고고학적 발굴을 통한 실체의 증명 가능성도 상당히 높은 편이다. 실제로 은나라 같은 경우도 역사가 먼저 유전하고 있었고, 이것이 후대에 발견된 것이라는 점은 이의 타당성을 높여준다.

탄허의 예언과 그 불꽃 같은 생애

그런데 이러한 요堯·순舜·우禹나 삼황三皇에서 발견되는 일관된 특징이 바로 '내성외왕內聖外王'이다.[15] 내성외왕은 성인의 가치를 왕으로부터 독립시켜서 이해하지 않는 성인군주론聖人君主論(성군론)으로, 이는 제정일치 문화를 나타내 준다. 즉 우리는 이를 통해서, 중국문화권의 일관된 인식을 확보해 볼 수가 있는 것이다.

다음으로 일원론적인 세계관과 관련해서, 중국문화는 사후세계를 인정하지 않는다. 이는 육체로부터 영혼이 분리되어 독자적으로 영구히 존재할 수 없다는 관점과 연관된다.[16] 사후세계에 대한 인식 부재는 이 세계(현실 세계)에 대한 비중을 절대시해서, 역사주의와 역사의 심판(춘추필법春秋筆法)과 같은 논리구조를 만들어 내게 된다.[17]

일원론의 세계관에 입각하여 이 세계를 제외한 다른 세계가 존재할 수 없다는 것은, 이 세계의 절대성과 긍정성을 파생한다. 이는 후일 화엄종의 긍정적인 세계관이나,[18] 선종의 일상에 대한 재발견으로까지 나타나게 된다.[19] 또 송宋의 유교 부흥(신유학新儒學)과 더불어 불교의 종교영역을 인정하지 않고, '극고명이도중용極高明而道中庸'과[20] 같은 관점에서 불교와 상호대립하게 된다.

이상과 같은 중국문화권과 달리 인도 문화는, 제정분리祭政

分離의 문화구조 속에서 이원론二元論적인 세계인식을 가지고 있다. 그렇기 때문에 붓다는 율律(vinaya)이라는 세속법과 변별되는 종교법을 만들게 되고,[21] 왕권은 불교 교단까지로는 영향을 미치지 않는 분절分節의 양상을 보이게 된다.[22] 이는 중국 문화의 내성외왕의 통합 관점과는 다른, 붓다가 전륜성왕轉輪聖王(cakra-varti-rājan)이나 붓다 중 양자 택일의 가능성만을 가진다는 점,[23] 그리고 이것이 필연적인 출가의 타당성이 된다는 점에서, 분명한 인식 차이를 인지해 볼 수 있다.

또 인도의 이원론적인 세계인식과 관련해서, 우리는 차안此岸(현실 세계)과 피안彼岸(이상 세계)으로 대별되는 이원론, 그리고 이와 같은 인식을 바탕으로 해서 성립하는 현실 세계를 '사바(감인堪忍·고토苦土)'로 이해하는 관점을 확인해 보는 것이 가능하다.

현실이 고해苦海일 뿐이라는 점은 붓다의 출가 이유인 동시에 사성제의 전제가 된다. 이것이 기본적으로 작용하기 때문에, 출가라는 변화 과정을 거쳐 수행자는 멸성제滅聖諦를 성취하게 되는 것이다. 그러므로 이와 같은 이원론적인 세계인식을 통해서, 우리는 현실 세계에 대한 부정성不淨性이 파생한다는 것을 인지해 볼 수 있다.

또 차안인 이 세계는 극복의 대상일 뿐이며 이의 반대급부로서의 피안이 목적이 된다는 점은, 이 세계에 대한 비실체와

그에 따른 역사기록의 당위성을 무너트리게 된다. 이것은 인도 문화의 가장 큰 특징 중의 하나인 '역사의 부재(역사가 없는 나라)' 문제를 파생하게 된다.[24]

중국문화권과 인도문화권은 제정일치와 제정분리라는 차이로 인해, 이상인격인 성인론에서 '성인군주론(성군론)―중국'과 '군주로부터 독립한 성인론―인도'라는 두 가지의 상호 대별된 인식을 보이게 된다. 또 세계관에 있어서는 하나의 세계만이 존재한다는 '현실 긍정성―중국'과, 두 개의 세계 중 이 세계가 부정의 극복대상이 된다는 점에서의 '현실 부정성―인도'라는, 서로 다른 차이를 보이게 된다.

2. 『주역』의 관점과 소옹邵雍의 해석

『주역』은 중국 유교와 도교를 일관하는 최고 경전의 위상을 가진다. 그럼에도 그 시원은 다분히 전설적이다. 이는 '〈하도河圖〉와 복희伏羲(포희包犧)', '〈낙서洛書〉와 황제黃帝 혹은 우禹임금의 전설' 그리고 중괘重卦를 신농씨神農氏가 했다는 것이나, 문왕文王이 괘사卦辭를 짓고 주공周公이 효사爻辭를 지었다는 것 등이 그것이다.[25] 역易의 발생과 관련된 이러한 전설들은 일률적이지 않지만, 그럼에도 일관되는 것은 역이 최고의 성인들과 연관된다는 점이다. 이는 역이 차지하고 있는 중국문화적인 위상과 권위 및 신성한 상징성을 잘 나타내 준다.

역의 구조적인 특징은 크게 두 가지로 생각해 볼 수 있다. 첫째는 상반상성相反相成의 대대법待對法에 의한 순환 원리이다.[26] 둘째는 음과 양의 이진법 체계를 기반으로 하는 '상象'과 '수數'를 통한 기호학이다.

이 중 첫째 대대법의 순환논리 정립의 배경과 관련해서, 펑유란馮友蘭(1895~1990)은 이를 중국 농경문화의 순환구조에서 연유한 것으로 이해한다. 또 이는 역이라는 글자의 해석과 관련된, 동물 석척蜥蜴을 통한 해석이나,[27] 『주역』「계사繫辭 상上」의 역에 대한 정의인 "생생지위역生生之謂易"과[28] 같은 면을 통해서도 단적인 인식이 가능하다. 이외에도 『주역』의 경문에서 11번째 괘인 〈지천태괘地天泰卦〉를 최상으로 꼽는 것이나, 63괘인 〈수화기제괘水火旣濟卦〉 다음에 〈화수미제괘火水未濟卦〉를 64괘의 마지막에 배열하는 것은, 우리로 하여금 역에 있어서 순환구조가 핵심이 된다는 것을 알게 한다.

둘째의 음양론에 기초한 이진법 체계는 「계사 상」의 "역유태극 시생양의 양의생사상 사상생팔괘易有太極 是生陽儀 陽儀生四象 四象生八卦"를[29] 통해서 단적인 이해가 가능하다. 또 역에는 상象이라는 기호적인 관점과 이를 취사선택하는 방법론으로서의

탄허의 예언과 그 불꽃 같은 생애

수數가 있는데,[30] 상수학象數學과 그 명칭은 바로 여기에서 기인한다.[31]

역이 상象에서 비롯된다는 점은 〈하도〉와 〈낙서〉라는 상징성에서부터 살펴진다. 그러나 상象을 크게 부각시켜서 이를 철학적으로 재해석하여, 역의 일관된 논리구조를 만드는 것은 다름 아닌 「계사전繫辭傳」이다.[32] 「계사 하」의 "역易이란 상象이며, 상象이란 상像이다."라는[33] 언급은 이의 단적인 이해를 도출한다. 또 여기에는 "관물취상觀物取象"이라고 하여, '상象'이 만물의 대체大体를 잡는 속성이라는 점에 대해서도 분명히 하고 있다.

이와 관련된 내용을 적시해 보면 다음과 같다.

> 옛적 복희씨가 천하의 왕일 때에, 우러러 하늘의 상象을 관觀하고 구부려 땅의 법法을 관觀하였다. (또) 조수鳥獸의 무늬와 땅의 마땅함을 관觀하고, 가까이는 몸에서 취하고 멀리는 사물에서 취하였다. 이로써 팔괘를 처음으로 만들어, 신명神明의 덕德과 통하여 만물萬物의 정情을 분류하였다.[34]

> 성인이 천하의 도리를 보고 형용을 헤아려서, 그 사물의 마땅함을 상징한 고로 이르기를 '상象'이라고 한다. 성인이 천하

의 움직임을 보고 그 회통會通을 관觀하여서, 그 전체典禮를 행하고 계사繫辭하여 그 길흉을 판단한다. 그러므로 '효爻'라고 하는 것이다. (이런 연고로 효爻로써) 천하天下의 지극한 도리를 말한다고 해도 싫어할 것이 없고, 천하의 지극한 움직임을 말한다 해도 어지러울 것이 없다. (그러므로) 헤아린 뒤에 말하고 의논한 뒤에 움직이니, 헤아리고 의논하는 것으로 그 변화를 이루느니라.[35]

이러한 "관물취상觀物取象"이 나타내고자 하는 것은, 일차적으로는 '상象'의 발생적인 측면이며 이차적으로는 이를 통한 역의 성립과 원리체계를 철학적으로 재정립하는 것이다.[36]

상象을 통한 이해는 '언言'과 대별되는 '의意'의 문제로 귀결된다. 이런 점에서 본다면, 상象이란 의意라는 목적을 위한 수단인 것이다. 이러한 문제의식을 「계사전」은 다음과 같이 설명하고 있다.

공자가 말하였다. "글로는 말을 다할 수 없고, 말로는 뜻을 다할 수 없다(서부진언 언부진의書不盡言 言不盡意)." 그렇다면 성인의 뜻이란 볼 수 없는 것인가? 공자가 말하였다. "성인은 상象을 세워서 (그) 뜻을 다하며(입상이진의立象以盡意), 괘卦를 베

탄허의 예언과 그 불꽃 같은 생애

풀어 참과 거짓을 다 드러낸다. (또) 계사繫辭로 그 말을 다하고, 변變과 통通으로 이로움을 다하며, 북치고 춤추는 것으로 신神을 다하느니라."[37]

이 말은 '언言'은 '의意'를 다할 수 없으나 '상象'은 다할 수 있다는 것으로, 앞의 "관물취상觀物取象"과 연관해서 '물物 → 상象 → 의意'의 구조를 완성하고 있다. 또 상象과 관련해서, 이를 정확하게 이해하는 취사선택의 방법론상에 있어서 서법筮法과 관련된 수數의 측면이 존재하게 된다.[38]

이렇게 놓고 본다면, 『주역』은 반복순환적인 이진법에 기초한 원리가, 상象을 통해서 드러나는 양태라고 할 수 있다. 그리고 이것을 파악하는 방법에 있어서의 수리數理적인 부분은, 『주역』의 목적이 점과 관련된다는 점을 분명히 해 준다. 이는 『주역』이 다른 경전들과는 달리 편篇이나 장章으로 구성되어 있지 않고, 괘卦로 되어 있는 것을 통해서 단적인 판단이 가능하다.

또 이는 『주역』은 주대周代에 복리卜吏 또는 무인巫人(서인筮人) 등이 관장했으며, 그 기능은 길흉을 예측하는 것이었다는 점.[39] 『좌전左傳』과 『국어國語』 가운데 『주역』에 대해서 언급한 곳은 총 22곳인데, 그 가운데 16곳이 인사人事의 길흉을 점치

는 것이라는 점 등을 통해서도 알 수가 있다.[40] 주희朱熹가『주
자어류朱子語類』에서 "역易은 본래 복서卜筮의 서적이었다."라고[41]
언급한 것은, 바로 이와 같은 이해에 기반한 것이다.

그러나 공자시대 인간 이성의 발달로 인해서, 점차『주역』의
점서占書로서의 입지는 약해지며 역을 철학과 교훈으로만 삼
는 의리역義理易의 이해가 나타나기 시작한다.[42] 이러한 연장선
상에「역전易傳」도 위치하며,[43] 이는 위진시대 왕필王弼의『주역』
주석인『왕필주王弼註』와 북송北宋 정이천程伊川(정이程頤, 1033~
1107)의『이천역전伊川易傳』으로 계승된다.

그러나 북송오자北宋五子(주돈이周敦頤·장재張載·소옹邵雍·정호程顥·
정이程頤) 중 첫 번째 인물인 소옹邵雍(강절康節)은 북송 초 진희이
陳希夷의 〈선천도先天圖〉 계통을 충방种放 → 목수穆修 → 이지
재李之才를 통해서 전수 받는다.[44] 〈선천도〉는 도교의 우주론
적 관점이다.[45] 그런데 당시에는 당나라를 거치면서 발전한 불
교의 우주관 역시, 중국에 강력한 영향력을 행사하고 있었다.
이로 인해 소옹은『구사론俱舍論』「분별세품分別世品」이나『장아
함경長阿含經』의「세기경世記經」및『루탄경樓炭經』계통의 경전
들에[46] 의한 순환론의 영향을 중국불교적인 관점에서 받게 된
다.[47]

또 당시는 본래 기원을 달리하는 음양론陰陽論과 오행론五行

탄허의 예언과 그 불꽃 같은 생애

論이 하나로 혼재되면서 전해진 것이 오래이므로,[48] 이 역시 자기식으로 변화하여 수용한다.[49] 이렇게 해서 만들어지는 것이 바로 소옹의 상수역象數易 중 수학파數學派의 건립과[50] 『황극경세서皇極經世書』이다.

소옹의 상수역적인 이해와 『황극경세서』의 풀이는, 기존의 유교 역易 이해의 주류인 의리역義理易과는 맞지 않는 다분히 술수적이며 난해한 것이었다.[51] 때문에 이정二程(정호·정이)은 소옹을 비판하여, 정도正道를 보지 못한 것이라고 하기에 이른다.[52]

소옹은 불교의 성成·주住·괴壞·공空에 따른 겁劫(kalpa)의 시간론에 영향을 받아, 원元·회會·운運·세世의 구조에 의한 129,600년의 순환론을 제시한 것으로 판단된다.[53] 실제로 불교의 우주론에서 우리가 속한 시간대가 괴겁壞劫인 것처럼,[54] 소옹 역시 쇠퇴라는 변화의 시간에 대한 인식을 개진하고 있다.[55]

그러나 불교는 이 세상을 부정의 대상으로 보아 수水·화火·풍風의 삼재三災에 의해서 이 세계가 완전히 소멸하는 공겁空劫을 설정하고, 다시금 발생하는 우주론을 전개한다.[56] 그렇지만 소옹은 일원론적인 중국문화 관점에 입각하기 때문에, 이 부분이 상대적으로 약하게 나타나면서 개벽開闢과 같은 거대변화를 통한 새로운 시대라는 인식으로 귀류귀착歸謬歸着될 뿐이다.[57] 그러나 이는 대동사회大同社會와 같은 과거적인 이상향이 아닌, 미래의 이상사회를 말한다는 점에서 중국문화적인 틀을 벗어나고 있다.

소옹의 129,600년의 원·회·운·세설은, 당唐이라는 세계제국의 다양한 문화에 의한 복합적인 산물이다. 그중 불교적인 영향이 가장 크지만, 이외에도 도교를 비롯한 다양한 요소가 확인된다.

소옹의 원·회·운·세설은 1세世가 30년이고 12세가 1운運이 되며, 다시금 30운이 1회會가 되고 12회가 1원元이 되는, 30과 12가 교차로 나오는 방식의 알고 보면 매우 단순한 구조의 반복이다. 이러한 논리구조를 따라서 1년 이하로 내려가면, 1년은 12달이고 1달은 30일, 그리고 1일은 12시간이며 1시간은 30분 또 1분은 12초라는 계산에 이르게 된다.[58] 이렇게 30과 12를 교차하는 계산법은 중국 전통에서는 찾아지는 것이 아니다. 이런 점에서 우리는 소옹의 학설이 외래문화의 영향과 관련된 다양성의 소산이라는 점을 이해해 볼 수가 있다. 이는 중국문화적인 배경만으로는 이해될 수 없다는 것을 나타낸다. 그러므로 소옹의 학설을 〈선천도〉 계통의 전래 위에, 당나라라는 다양성을 거쳐 자득自得한 것이라는 주장은 지극히 타당

탄허의 예언과 그 불꽃 같은 생애

하다.[59]

　오늘날까지 소옹의 학설 중 남아 있는 것은, '1세를 30년으로 보는 관점(1세대)'이다. 그러나 불교의 영향에 의해서 대수大數로 이 세계의 변화를 판단했음에도, 우주의 전체 시간을 129,600년에 지나지 않는다는 것은 이 세상을 실재實在로 보는 중국적인 관점의 한계라고 하겠다. 즉 이 숫자 역시 당시로서는 대단히 큰 것이었지만, 인도불교의 시간론이나 오늘날의 관점에서 볼 때, 이를 세계의 시작과 끝의 기간으로 보기에는 무리가 있다는 말이다.

　그런데 이와 같은 소박하고 단순한 이론이, 구한말의 선각자들에게 영향을 준다는 점은 매우 흥미롭다. 이는 당시 선각자들의 새로운 변화 욕구와, 그럼에도 거시적인 시각을 확보하지 못한 현실적인 한계를 여실히 나타내 주기 때문이다.

Ⅲ. 동아시아의 이상세계와 탄허의 시대 인식

1. 동아시아의 이상세계

중국은 대륙과 같은 거대국가라는 점에서, 이상 세계에 있어서도 하나의 단일한 면만을 보이지 않는다. 학파나 지역적인 특성에 따른 서로 다른 차이들을 내포하는 것이다.

중국 고대의 이상향과 관련해서, 가장 먼저 생각될 수 있는 있는 것은 『노자』 제80장의 '소국과민小國寡民'이다. 이를 제시해 보면 다음과 같다.

> 작은 나라에 적은 백성. (어떤 사람에게) 10배 100배의 능력이 있더라도 쓰지 말며, 백성들에게 죽는 것을 중히 여기도록 하여 멀리 옮겨 다니지 않도록 하라. (그러면) 비록 배나 수레가 있더라도 그것을 타려고 하지 않을 것이며, (또) 비록 최고의 군사가 있더라도 이들로 하여금 진陳칠 일이 없게 될 것이다. 백성들이 결승문자結繩文字 때를 회복하여 이를 사용하도록 하면, (음식이 비록 거칠어도) 그 음식을 달게 여기고 (옷이 소박해도) 그 옷을 아름답게 여기며, (거처가 단출해도) 그 거처를 편안히 여기고 (풍속이 질박해도) 그 풍속을 즐겁게 여길 것이다. (이렇게) 이웃 나라가 서로 보여서 닭과 개의 울음소리가 서로 들려도, 백성들은 늙어 죽음에 이르도록 서로 왕래하지 않는다.[60]

'소국과민'항은 작은 나라에 적은 백성에 기초한 원시적인

탄허의 예언과 그 불꽃 같은 생애

공동체의 소박 사회를 말한다. 특히 능력 있는 사람과 문명적인 발전을 멀리한다는 점. 그리고 전쟁과 문자를 거부한다는 점에서, 우리는 이 기록이 과거의 폐쇄적인 원시사회를 이상으로 하고 있다는 것을 알 수 있다.

이는 춘추전국시대라는 문명적이지만 대규모의 살상이 자행되던 혼란상에 비해서, 과거의 비문명적인 사회가 더 바람직하다는 의미를 내포한다. 그러나 여기에는 과거로의 연령회귀年齡回歸(연령퇴행)와 같은 소극성만이 존재할 뿐, 미래를 통한 적극적인 타개의 발전성은 살펴지지 않는 한계가 있다.

과거에 목적을 둔 이상사회의 문제는 유교의 '대동사회大同社會'에서도 발견된다. 『예기』「예운禮運」편에서 살펴지는 대동사회는 요·순시대를 의미하며, 이에 미치지 못하는 소강사회小康社會는[61] 하·은·주의 삼대三代를 나타낸다.[62] 「예운」편은 『공자가어孔子家語』에서도 살펴지는데,[63] 공자의 이상향이기도 한 대동사회에 관한 기록을 적시해 보면 다음과 같다.

대도大道가 행해지면 천하는 공적인 것이 된다. 현명하고 능력 있는 사람을 가려서, (백성들은 이들에 의해서) 믿음을 익히고 화목함을 닦는다. 그러므로 사람들은 그 부모만을 받들지 (않아 모든 어른은) 외롭지 않고, 그 자식만을 돌보지 (않아 모든 아이는) 외롭지 않다. (그래서) 노인들은 잘 마치게 되고 장년들은 쓰일 곳이 있으며, 아이들은 성장할 수 있게 된다. (또) 과부·고아·독거노인·장애인들을 불쌍히 여겨 모두 봉양됨이 있다.

남자들은 (직분에 따른) 구분됨이 있고 여자들은 (결혼하여) 돌아갈 곳이 있게 된다. 재화가 땅에서 버려지는 것은 싫어하지만, 그렇다고 자기가 감추지는 않는다. 힘쓰는 것에 몸소 나서는 것을 싫어하지만, 반드시 자기를 위하는 것은 아니다. 그러므로 도모함이 없어서 일어나지 않고, 도둑과 작난 作亂이 만들어지지 않는다. 그래서 문을 열어두고도 닫지 않는다. 이러한 (사회를) 일컬어 '대동大同'이라 한다.[64]

대동사회는 어질고 유능한 사람들이 무위로 다스리는 평등의 이상세계이다. 『논어』「위령공衛靈公」편에서, "무위無爲로 다스린 사람은 순舜임금인저! 과연 어떻게 한 것인가? 몸가짐을 바르게 바루고서 남면南面하고 계셨을 뿐이다."[65]라고 한 것은 바로 이러한 대동사회의 태평성대를 가리킨다. 이런 점에서 본다면, 『노자』의 능력 있는 사람을 폐하는 관점과는 차이가 있다. 즉 양자 사이에는 문명과 반문명의 차이가 존재하는 것이다.

탄허의 예언과 그 불꽃 같은 생애

그러나 요·순의 대동사회에서 삼대三代의 소강사회로 나아
간다는 점에서, 대동의 이상 역시 고대로의 회귀에 지나지 않
는다. 이런 점에서 양자는 고대의 소박성 회귀라는 상고주의上
古主義적인 공통점을 보이고 있다고 하겠다.

유교(유가)의 선왕주의先王主義와 반대되는 것은 법가法家의
후왕주의後王主義이다.[66] 그러나 '수주대토守株待兎'로 대변되는
법가의 후왕後王 이상론은,[67] 진秦의 멸망과 함께 중국문화권
의 이상주의에서 자취를 감추게 된다. 이는 선왕주의 혹 상고
주의가 이후 동아시아의 역사발전을 저해하는 걸림돌이 된다
는 점에서, 많은 아쉬움을 내포하게 한다.

중국문화권에서 상고주의적인 이상사회론과는 다른 구조
로, 우리는 별도의 독립된 이상사회론을 살펴볼 수 있다. 그
대표적인 경우가 바로 도연명陶淵明(365~427)의 「도화원기桃花源
記」이다.[68] 이는 진秦나라의 전란을 피해서, 동굴을 통과한 새
로운 장소에 또 다른 사회를 만든 사람들에 대한 이야기이다.
이와 같은 구조에 유향劉向(B.C. 79?~B.C. 8?)의 『열선전列仙傳』이
나 갈홍葛洪(283~343)의 『신선전神仙傳』 속 신선 세계에 대한 이
상이 첨가되어 나타나는 것이, 우리나라의 『청학집靑鶴集』에서
살펴지는 청학동靑鶴洞이다.[69] 여기에서 청학靑鶴이란, 신선의
탈 것으로 이상사회를 상징하는 존재이다.

그런데 이러한 이상사회가 동굴과 같은 성聖·속俗의 분기점을[70] 넘어서 존재한다는 것은, 상고주의의 이상사회에 대한 현재적인 요청의 불가능에 대한 측면을 잘 나타내준다. 이는『홍길동전』의 율도국栗島國과 같은 제한적인 이상사회론인 것이다. 다만 이것이 제한적이라도 현재에 속해 있다는 점은 나름대로 긍정적이라고 할만하다.

그런데 이와는 또 달리 중화민국 시대에 이르면, 캉유웨이康有爲(1858~1927)에 의해서 1919년『대동서大同書』가 발행된다. 이는 대동이라는 유교적인 이상향의 가치를 사용하고 있지만, 실질적으로는 미래 이상을 말하고 있다는 점에서 차이가 크다.[71] 즉 영국 스펜서의 사회진화론과 같은 서구식 관점에 의한 영향을 인지해 볼 수가 있는 것이다.

중국문화 속에서 미래 이상에 대한 관점은, 황건적黃巾賊·백련교白蓮敎·태평천국太平天國과 같은 종교와 관련된 반란이라는 특수한 상황을 제외하고는 법가의 후왕주의 이후로 처음 등장하는 것이다. 종교적인 이상사회는 현재의 변화를 의미한다는 점에서, 후왕주의와는 또 다른 관점을 가진다. 이런 점에서『대동서』는 중국적인 이상에 대한 서구적인 영향을 잘 나타내준다. 즉 당시의 중체서용中體西用의 관점이 잘 나타나고 있는 것이다. 그런데 이와 같은 관점이 우리나라의 구한말과 개화기

탄허의 예언과 그 불꽃 같은 생애

에서도 확인되는 점은 시사하는 바가 크다.

2. 구한말의 개벽론開闢論과 탄허의 시대인식

구한말 서세동점西勢東漸의 시기에, 서학西學의 격발에 의해서 민족적인 종교관점에서 동학東學이 형성된다. 동학은 서구의 충격과 조선의 미숙한 대응에 의한 혼란상 속에서, 기존의 전통적인 가치관이 몰락하는 과정에서 대두한다. 동학과 관련해서 나타나는 '인내천人乃天'과 '후천개벽後天開闢'은 전통적으로는 주자학의 성즉리性卽理에 따른 인성론人性論과, 『맹자』 천명미상天命靡常의 혁명사상革命思想에[72] 근거한다.

그러나 이는 동시에 서구적인 인간존엄과, 서구문화의 충격에 따른 동양의 무기력함 및 기독교의 영향에 의한 것이기도 하다. 이러한 양자의 결합은 당시의 서구에 끌려가던 구한말의 동도서기東道西器적인 관점을 잘 나타내 준다.

동학의 인내천은 주자학의 성즉리性卽理처럼, 보편에 입각한 차등을 당연시하는 구조와는 다르다. 이런 점에서 이는 불교의 불성사상佛性思想과 같은 보다 보편적인 논리구조와 관련된다. 또 후천개벽론 역시 혁명을 통한 이상세계를 제시하고 있다는 점에서, 종교적으로는 황건적이나 백련교와 같은 종교운동과 관련된다고 할 수 있으며, 원리적으로는 소옹의 『황극경세서』를 생각해 볼 수 있다.

실제로 동학의 최제우崔濟愚(1824~1864)와 『정역正易』의 김일부金一夫(김항金恒, 1826~1898)는 연담蓮潭 이운규李雲圭 문하에서 동문수학한 사람이다.[73] 즉 비슷한 문제의식을 보다 '종교적인 관점에서 이해했느냐?'와 '원리적인 관점에서 이해했느냐?'의 차이에 따라서, 각기 동학과 『정역』을 파생하고 있는 것이다.

1864년 최제우는 혹세무민의 죄로 처형된다. 그런데 김일부는 1879년부터 3년 동안 『정역』을 만든 것으로 되어 있다. 이는 유신론有神論이라는 인격신人格神을 통해서는 당시의 현실 문제가 해결될 수 없으며, 그보다는 원리에 입각한 대안의 필연성을 강하게 인식했기 때문으로도 풀이될 수 있는 부분이다. 물론 여기에는 주자학이라는 이理철학의 원리적인 측면과, 『주역』이라는 최고의 경서적인 권위도 한 몫 했을 것이다.

『주역』은 앞서도 언급한 바와 같이, 원래 점서占書에서 시작했기 때문에 그 대다수가 애매한 요소들로 점철되어 있다. 그러므로 이를 자신의 뜻에 맞추어 재구성하는 것은 크게 어렵지 않은 일이다. 또 이러한 과정에는 주관적인 인식이 쉽게 개입할 여지도 존재하게 된다.

실제로 김일부가 『정역』을 만드는 것은 기존의 『주역』을 넘어서는 고등한 원리를 새롭게 발견했기 때문이 아니다. 이런 점에서 『정역』은 후한後漢 양웅楊雄(B.C. 53~.A.D. 18)의 『태현경太玄經』과는 또 다르다.[74]

김일부는 54세 때인 1879년부터 3년간, 눈앞에 도상圖像이 나타나는 이적異蹟을 만나 천지에 가득차는 경험을 통해서 『정역』을 완성했다고 한다.[75] 이는 『정역』이 객관적인 원리체계라기보다는 주관적인 신비체험이나 종교체험과 관련된다는 것을 의미한다.

또 『정역』이 말하는 내용 역시, 동학과 같은 민족종교적인 정서일 뿐이다. 이렇게 놓고 본다면, 최제우와 김일부는 주관과 객관이라는 종교체험과 학문적인 치밀함에 의해서 분기되었다기보다는, '완전히 주관적이냐'와 '객관을 가장한 주관일 뿐이냐'의 차이라고 하겠다. 그러므로 『정역』은 철학적 산물이라기보다는 철학을 가장한 종교적 산물로 파악되는 것이 옳다고 판단된다. 이는 종교적인 인물인 강증산姜甑山(강일순姜一淳, 1871~1909)에 의해서 『정역』이 비중 있게 채택되는 것을 통해서도 단적인 판단이 가능하다.[76]

1894~1895의 동학농민운동에 대한 일제의 무자비한 진압은, 유신론의 인격천적인 가치가 현대의 과학과 무력 앞에 얼마나 나약한지를 단적으로 보여 주는 사건이다. 이 때문에 동

학과 같은 인격천론을 견지하는 강증산은 불교의 미륵신앙과 민간신앙 등을 수용하면서 보다 유연한 방법으로 선회하게 된다.[77] 이 중 하나로 주목되는 것이 현재적인 후천개벽이 아니라, 미래의 후천개벽이라는 개벽의 미온적인 연장이다. 이는 초기 기독교가 강력한 현실권력인 로마제국 앞에서, 미래의 지상천국설로 선회한 것과 유사하다. 현실에서의 권력인 일제를 부정하기 어렵게 되자, 천지공사天地公事와 같은 우회적인 후천개벽론으로 선회한 것이다.

이러한 과정에서 강력하게 대두되는 것이 바로 소옹『황극경세서』의 원·회·운·세설이다. 원·회·운·세설은 시대의 끝을 말하지만, 불교 시간론적인 시대의 전환에서 수반되는 파괴나 기독교의 종말론과는 달리, 보다 성숙한 이상사회로의 전환을 말하고 있다. 이는 후천개벽론에 있어서 원리 제공의 배경이 되기에 합당하다. 이것은 차경석車京石(차천자, 1880~1936)의 보천교普天敎와 탄허의 부친인 김홍규金洪奎(1888~1950)를 통해서 탄허에게까지 영향을 미치게 된다.[78]

동학과『정역』그리고 강증산의 사상 속에서 일관되는 것은, 후천개벽 이후에는 우리나라와 우리 민족이 중심이 된다는 민족 종교적인 부분과『주역』이다. 탄허는 처가에서『주역』을 사주자 미친 듯이 읽고, 이후 500독이나 했다는 인물이다.[79] 또

탄허의 예언과 그 불꽃 같은 생애

『황극경세서』나 노장사상에도 심취하여 자득했다고 한다.[80] 여기에 부친을 통한 보천교의 영향은 그의 민족적인 깊은 관심과 예지에 막대한 영향을 미치게 된다.[81]

탄허가 스승인 한암의 그늘에서 벗어나 본격적인 활동을 하게 되는 1960~80년대 초반은, 독재와 군부라는 구한말과는 또 다른 측면에서의 격동기인 동시에 민중 정신의 암흑기였다. 탄허의 예지가 『황극경세서』나 『정역』 및 민족 종교적인 관점과 직결된다는 것은, 그의 대담집 등을 통해서 단적인 확인이 가능하다.[82]

이 시기 탄허는 이와 같은 사고를 바탕으로 하는 미래 이상 사회와 관련된 예지를 통해서 우리 민족에게 희망을 주었다. 이것은 분명 정도正道가 아닌 방편이다.[83] 그러나 『법화경』「화성유품化城喩品」에서처럼, 그것은 또한 올바름으로 인도하기 위한 선의의 방편이었다는 점에 우리는 주목해야만 한다.

탄허의 예지는 나말여초의 도선道詵이나 여말선초의 무학無學에서처럼, 새로운 국가적 비전을 제시하고 혼란을 넘어선 백성의 안정에 기여하는 연장선 속에 위치하고 있다. 즉 국가적인 혼탁상을 극복하고 민족의 자긍심과 시대를 극복하는 힘을 주기 위한 선교방편이었던 셈이다. 이 점이 바로 우리가 주목해야 하는 부분이다.

달은 스스로 빛을 내는 태양과는 다르다. 이런 점에서 달빛
은 허위이다. 그러나 달은 태양이 없는 밤길을 밝혀 준다. 이것
으로써 달의 효용성 역시 충분히 존재하는 것이다.

Ⅳ. 탄허의 예지력과 불교

1. 후천개벽설後天開闢說과 화엄의 세계관

후천개벽설의 특징은 미래 이상세계를 말한다는 것이다. 그
리고 그 핵심은 우리나라와 우리 국민에 있다.

탄허가 예지에서 의지하는 핵심은 『주역』을 바탕으로 하는
『황극경세서』와 『정역』이다. 이는 탄허가 노스트라다무스나 「요
한계시록」에서처럼, 불투명한 애매한 상징으로 점철하는 방식
이 아닌 구체적인 예지를 하게 되는 근거가 된다.[84]

후천개벽의 변화와 관련된 탄허의 예지를 정리해 보면 대략
다음과 같다.[85]

① 빙하가 녹으면서 지축이 바로 서게 되어 윤달이 없어진다.

② 지축이 바로 서는 과정에서 대혼란이 발생하지만, 이는

더 나은 긍정을 위한 부정이다.

③ 윤달이 사라지면 지구의 모든 악이 사라진다.

④ 한반도가 통일되면서 지구의 중심이 된다.

⑤ 우리나라에서 도덕적인 위정자가 나타나 세계를 영도한다.

⑥ 유·불·선이 하나가 되고 모든 종교 간의 벽이 무너진다.

①에서 ③까지는 원래 선천先天의 복희팔괘伏羲八卦에 상응해서 후천後天이 되는 문왕팔괘文王八卦의 세계를,[86] 다시금 선천세계로 바꾸면서 새롭게 등장하는 정역팔괘正易八卦의 후천 세계적인 변화를 의미한다.[87] 그리고 이는 현 세계가 이상사회로 변화한다는 것을 나타낸다.

그런데 여기에서 주목되는 것은, 지축이 서면 모든 악이 사라진다는 환경결정론과 같은 주장이다. 이는 육체와 영혼을 하나로 이해하는 중국문화와 유교적인 환경론으로, 『주자어류朱子語類』권3·126이나 『홍명집弘明集』의 「사문불경왕자론沙門不敬王者論」, 또는 『불씨잡변佛氏雜辨』과 같은 인식을 통해서 확보해 볼 수가 있다.[88]

또 ④와 ⑤같은 경우는, 전체적으로 민족 종교적인 관점을 읽어 볼 수 있다. 그러나 도덕적인 윤리의 위정자 출현은 대동사회에서도 확인되는 유교적인 인식이기도 하다.

끝으로 ⑥이 말하고자 하는 것은, 모든 차별적인 경계가 사라지는 대동사회를 의미한다. 그리고 이와 같은 연장선상에서 우리는 남북통일과 냉전 종식에 대한 측면도 이해해 볼 수가 있다.

또 개벽과 같은 발전적인 새로운 세계의 도래 논리가 소옹의 『황극경세서』와 연관된다는 점에서,[89] 이 또한 유교적인 영향으로 이해할 수 있다. 이렇게 놓고 본다면, 탄허의 관점은 민족 종교적인 측면과 유교적인 인식이 혼재되어 있는, 『정역』과 보천교적인 인식과 큰 차이가 없다는 것을 알 수 있다. 그러나 여기에서 끝난다면 이는 술術일 뿐 불교라고 할 수 없다. 실제로 탄허는 이와 같은 부분만을 강조하는 것이 술術일 뿐이라고 언급한다.[90]

탄허는 스스로 "나의 도를 닦는 정신은 유교에서 가져와서 절에서 더 커진 겁니다."[91] 라고 말하고 있다. 이는 탄허 학문의 시작인 유교적인 부분을 인정하는 것이다.[92] 그러나 동시에 이것이 탄허 학문의 끝이 아니라는 점을 분명히 한다. 이와 같은 측면은 그의 다음과 같은 말을 통해서 분명해진다.

(불교를) 학술적으로 연구하면 수재는 30년이 걸리고 둔재라면 300년은 걸린다고요. 사실 그래요. 거기에 비교할 때 도

탄허의 예언과 그 불꽃 같은 생애

교(사실은 도가임)는 20년, 유교는 10년이면 충분해요. 기독교는 나 같은 둔재라도 3년이면 다 터득할 수 있습니다. 그러나 만약 재주꾼이라면 3개월이면 신·구약을 다 외울(이해할)수 있죠.[93]

이 말은 유교보다 뛰어난 도가와 도가보다 훨씬 우월한 불교라는, 그의 동양학적 우위론 관점을 분명히 나타내 주고 있다. 특히 유교의 10년과 비교해서 불교는 30~300년이 걸린다고 한 점은, 탄허가 유교적인 관점에 머물러 있을 수 없는 인물이라는 점을 잘 나타내 준다. 그리고 이는 다른 의미로는, 탄허가 단순히 『황극경세서』나 민족 종교적인 관점을 넘어서는 불교적인 대종장大宗匠이 되었다는 것을 의미하는 것이기도 하다.

탄허가 불교 중에서도 단연 최고로 친 것은 화엄이다. 이는 탄허의 일생에서 가장 핵심이 되는 것이, 『신화엄경합론』의 번역과 이의 출판이라는 점을 통해서 분명해진다.[94] 이 과정은 55세가 되던 1967년 3월에야 완성되는데, 장장 10년에 걸쳐 원고지 62,500장에 이르는 방대한 작업이었다.

또 이 일은 워낙 규모가 컸기 때문에 출판까지도 많은 어려움을 겪게 된다. 당시 조판 및 인쇄비 등으로 5,000만원이라는 거금이 소요되어, 마침내 1975년 8월에야 비로소 500부의 출간을 본다. 이렇게 놓고 본다면, 우리는 『신화엄경합론』의 번역과 출판과정에서 무려 18년이 걸렸다는 것을 알 수 있다.[95] 이쯤 되면 화엄이야말로 탄허의 일생에 있어서 가장 핵심적이라는데 이의를 제기할 수 없다.

탄허는 화엄 사상이 모든 문제를 해결할 수 있다는 자신감을 보인다. 이는 "동양사상의 근거를 형성하는 불교의 화엄학이야말로, 이 (세계적인 대립의 문제)를 극복할 수 있는 요체라고 보고 있습니다."[96]라고 언급한 것이나, 모든 문제를 해소할 수 있는 것으로 "그건 동양사상의 진수인 화엄 사상 뿐입니다."[97]라는 언급을 통해서 분명해진다.[98]

또 탄허는 화엄 사상만이 우리 국민 전체의 성전으로서 우리를 계몽하고, 후천 세계를 이끄는 지남指南(나침반)이 된다고 주장한다. 이는 "(스님이 번역하신 『화엄경』을 가리키시며) 이것이 오대산에서 수도하면서 했다고 하지만, 사실은 삼천만의 교재로 집필한 것입니다."[99]라는 것이나, "나는 『화엄경』을 우리 민족의 교전教典으로 삼았으면 한다. 각급 교육기관에서 정도에 따라 경전을 분류하여 배우게 하면 어려울 것이 없다고 본다. 화엄에 의하여 민족이 자각하고 정화된 정신으로 각성 운동을 전개한다면, 모든 성취는 자연히 그 안에 있을 것으로 생각한다.

나는 우리의 지혜스러운 청년들에게 이 법(화엄)을 가르치고 싶다. 그래서 진리에 의한 평화, 번영의 국토를 이 땅 위에 실현하고 싶다."[100]라는 말을 통해서 이해될 수 있는 부분이다. 즉 유교와 민족 종교적인 문제가 불교의 화엄 사상을 통해서 최후의 결실을 맺고 있는 것이다.

이렇게 놓고 본다면, 탄허의 후천개벽론에서 우리 민족이 주도하는 새로운 이상세계는 화엄의 사사무애법계事事無礙法界가 전개하는 우주 만유의 일진법계화一眞法界化된 조화의 세계라고 하겠다.[101] 이는 탄허가 지향한 동양학의 궁극적인 목표가 화엄을 통해서 완성된다는 것을 의미한다.[102] 그리고 이는 곧 이 세계라는 현실이상現實理想으로 직결된다. 즉 화엄의 '관계론'과 '본래 완성'이라는 관점을 통해서 탄허의 후천개벽론은 완결되는 것이다.

2. 탄허의 예지와 선禪적 영지靈知

탄허의 예지에는 『정역』이나 민족 종교적인 관점과 연관된 부분이 분명히 존재한다. 그러나 이외에도 탄허의 예지에는 이와 같은 관점으로는 도저히 이해될 수 없는 신묘함이 있다. 즉 '특정 원리에 의존하는 것'과 '주변의 상象을 취하는 직관적인 방식'의 두 가지가 존재하는 것이다.

이러한 두 가지 방식의 예지는 경주 동국대 불교학과 교수인 김성철의 정리에서도 잘 나타난다.[103] 김성철은 『정역』에 근거한 것'과 '『정역』과 무관한 것'으로 구분하여, 탄허 예지의 핵심을 『정역』으로 보고 있다. 필자는 김성철이 주장하는 핵심을 이해하지만, 그러나 이러한 주장에 완전히 동의하지는 않는다. 탄허의 예지에는 『정역』 이외에도 앞서 언급한 바와 같이, 민족종교와 유교적인 측면들이 혼재되어 있기 때문이다. 즉 김성철이 『정역』을 핵심으로 보는 것과 달리, 필자는 『정역』이 부수적이라고 판단하는 것이다.

이와 같은 이해가 가능할 수 있는 것은, 탄허의 이력 과정에서 유교와 도가의 학습 및 『주역』과 『황극경세서』 그리고 『정역』의 학습 등이 폭넓게 존재하기 때문이다.[104] 그리고 여기에는 부친을 통한 보천교의 영향과 스승인 한암을 통한 불교적인 영향도 존재한다. 이러한 복합적인 방식들이 상호영향을 주면서, 탄허의 예지가 형성된 것으로 필자는 파악해 보고 있다.

그런데 「탄허 스님의 예지, 그 배경과 의의」에서 김성철이 정리한 『정역』과 무관한 예지와 관련해, 필자는 우리나라에 원유가 많이 매장되어 있다는 부분을 제외한 나머지는 그대로 수용하고자 한다.[105] 필자와 같은 경우는 원유가 매장되어 있다는 주장을, 후천개벽론에서 우리나라가 전 세계를 주도한다는 관점의 연장선상에서 파악하기 때문이다. 이를 제외한 다른 부분들에 대한 예지는 김성철이 언급한 것처럼, 탄허가 밝힌 자신의 일반적인 예지 구조와는 다른 방식으로 전개되고 있다. 그러나 현재로서는 그 정확한 추론 방법을 확인할 길은 없다.

이와 관련해서 필자가 주목하는 것이, 『주역』의 관물취상의 논리와 이를 해석하는 선禪적인 직관이다. 실제로 탄허는 개미의 싸움과 같은 변화를 통해서 미래를 인지하는 모습을 보인다.[106] 이는 관물취상의 논리와 통한다고 하겠다.

또 탄허는 언제나 새벽 2시 무렵에 기상하여 3시에는 참선을 했다.[107] 이는 탄허에게 선적 영지가 충분히 발현할 수 있다는 것을 의미한다. 즉 관물취상을 통한 입상이진의立象以盡意라는 『주역』의 근본구조를, 탄허는 선적 영지를 통해서 보다 쉽게 터득했다고 이해할 수 있는 것이다.

중국철학사상 관물취상과 입상이진의 구조를 통해서 미래를 가장 잘 인지한 인물은 소옹이다. 그래서 이정二程은 소옹이 미래를 잘 알았다고 한 것이다.[108] 탄허 역시 『주역』을 500독이나 했다는 『주역』의 대가이다. 또 소옹의 『황극경세서』에도 일가견이 있었던 분이다. 그런데 탄허는 여기에 불교의 선적 영지까지 갖추고 있다. 이는 탄허가 단순한 술術을 넘어서, 깨달음과 관련된 영지를 통해 미래를 인지할 수 있는 능력을 확보했을 개연성을 상정케 한다.

주지하다시피, 인도불교와 같은 경우에는 6신통과 같은 신통론이 있다. 붓다는 후일 빈두로賓頭盧의 신통 과시와 같은 사건을 통해서 신통을 금지시키지만,[109] 당신 역시 초기의 삼가섭三迦葉(우루빈라·나제·가야) 형제를 제도함에 있어서는 '500가지 신통'이라는, 전적으로 신통만을 사용한 교화를 진행하고 있다.[110] 이런 점에서 본다면, 화엄 사상을 통해서 불교의 정점에 오른 탄허에게도 고도의 선수행에 따른 신통이 수반될 개연성은 충분하다.

탄허는 스스로 누진통을 제외한 5신통은 술術이라고 하고 있다.[111] 그러나 이것이 깨달음을 향한 노력에 의한 자연스러운 파생이라면, 이 역시도 주목될 수 있는 가치임에 분명하다.

탄허의 예지는 불교의 정론正論에서 볼 때, 그 어떤 것을 막론하고 방편일 뿐이다. 그러나 그것이 세상에 희망을 주고 수행을 완성하는 과정에서 파생된 가치라면, 이 또한 나름의 평가를 할 수는 있다고 판단된다. 마치 법화칠유法華七喩처럼,[112] 훌륭한 방편은 방편임에도 불구하고 그 나름의 충분한 타당성을 확보할 수 있는 것이기 때문이다.

탄허의 예언과 그 불꽃 같은 생애

V. 결론-탄허의 예지와 현대사회의 다양성

오늘날의 현대는 과거의 인류가 생각하지 못했던, 다양성을 통한 모든 존재의 가치 존중으로 나가고 있다. 우리나라 역시 90년대 중반 군부독재를 넘어서 맞이하게 되는 민주화는, 획일화의 문제를 극복하는 동시에 다양성이라는 새로운 화두를 도출하게 된다. 여기에 급속한 가족의 해체와 개인의 대두 및 가치 평등의 관점에 따른 서로 다른 목소리들은, 사회적인 혼란과 갈등의 양상을 파생하고 있다.

이제 군부독재 시절의 구호인 '잘살아 보세'는 더 이상 개인과 국민의 희생을 강요할 수 없는 낡은 유산일 뿐이다. 이제는 단순히 경제적으로 잘사는 문제보다는, 삶의 질과 인간 행복의 가치가 더 큰 비중을 차지하고 있다. 그럼에도 우리 사회는 좀처럼 안정되지 못하고, 집단과 개인의 해체에서 수반되는 다양한 불만과 불안에 휩싸여 있다.

이 부분과 관련해서, 우리는 탄허의 예지에 국민적인 통합과 미래의 비전 제시가 존재한다는 점을 상기해 볼 필요가 있다. 또 탄허의 사상에는 이러한 예지의 문제를 넘어서는, 화엄이라는 모든 가치의 다양성을 용인하는 완성의 문제가 존재한다. 화엄은 잡화엄식雜花(華)嚴飾을 의미한다. 이는 다양성 그 자체의 조화와 완성을 상징한다.

획일성을 통한 통일은 단순하면서 이해하기 쉽다. 그러나 그만큼 눈에 보이지 않는 소수의 희생과 인간 존엄의 말살이 동반되게 마련이다. 이에 비해서 화엄의 '다양성 자체를 용인하는 전체의 완성'이라는 관점은, 오늘날의 시대에 새로운 가치를 정립하기에 매우 적합하다. 그러나 다양성을 통한 자체의 완성은, 자칫 국가의 미래라는 성장 동력에 있어서 문제가 될 수도 있다. 즉 상대적으로 미래지향의 역동성이 떨어질 수도 있다는 말이다.

이런 점에서 볼 때 탄허가 제시하는 두 가지, 즉 '국민적인 통합과 미래의 비전제시'와 '화엄을 통한 다양성의 완성'은 시대 문제를 극복하는 훌륭한 대안이 된다는 점에서 주목된다. 탄허는 우리나라와 민족의 우월성을 주장한다. 그러나 이를 통한 차별이 아닌 세계 속에서의 화해와 조화를 역설하고 있다는 점에서 주목해 볼 필요가 있다.

오늘날 한국 사회는 종교와 다문화 가정 등 다양한 이질적인 갈등의 문제들을 내포하고 있다. 또 이러한 문제들은 전시대에 비해서 강력하게 표면화하고 있는 실정이다. 이외에도 성장의 한계에서 나타나는 고용과 사회적인 불안은, 젊은이들의 미래를 어둡게 하고 심성 구조를 황폐하게 만들고 있다.

종교는 가치의 충돌로 사회적인 혼란을 대두하고 국가와 민족의 성장을 저해해서는 안 된다. 이보다 종교는 사회의 올바른 지남指南으로서, 건설적이고 행복한 미래를 위해 복무해야만 한다. 이런 점에서 탄허의 미래인식과 사상관점은 매우 건강한 종교의 기능과 역할을 말하고 있다. 이는 이 시대에 탄허가 반드시 재해석되어야 하는 이유이며, 이 시대가 탄허를 요청하는 필연성이라고 하겠다.

1   金谷治 외 저, 조성을 역, 『중국사상사』, (서울: 이론과 실천, 1996), 37~38쪽 ;
    김득만·장윤수 저, 『중국철학의 이해』, (서울: 예문서원, 2000), 24~25쪽.

2   勞思光 저, 정인재 역, 『중국철학사(고대편)』, (서울: 탐구당, 1994), 41~44쪽.

3   존 K. 페어뱅크·에드윈 O. 라이샤워·앨버트 M. 크레이그 저, 김한규·전용만·
    윤병남 역, 『동양문화사(상)』, (서울: 을유문화사, 2004), 42쪽.

4   『尙書』, 「洪範第六」, "帝乃震怒, 不畀洪範九疇, 彝倫攸斁. 鯀則殛死, 禹乃嗣興,
    天乃錫禹洪範九疇, 彝倫攸敍."(SS周,洪範01), 「泰誓第一」, "惟天地萬物父母, 惟
    人萬物之靈."(SS周,泰上01) ; 馮友蘭 저, 『중국철학사(上册)』, (상해: 화동사범대
    학출판사, 2003), pp. 34~35.

5   狩野直喜 저, 오이환 역, 『중국철학사』, (서울: 을유문화사, 1997), 65쪽 ; 馮友
    蘭 저, 『중국철학사(上册)』, (상해: 화동사범대학출판사, 2003), pp. 34~35 ;
    김능근 저, 『유교의 天사상』, (서울: 숭실대학교 출판부, 1988), 3~64쪽.

6   북경대학교 철학과연구실 저, 박원재 역, 『중국철학사I(선진편)』, (서울: 간디서
    원, 2005), 38쪽.

7   馮友蘭 저, 『중국철학사(上册)』, (상해: 화동사범대학출판사, 2003), pp.
    123~129 ; 梁啓超·馮友蘭 외 저, 김홍경 역, 『음양오행설의 연구』, (서울: 신지
    서원, 1993), 37~44쪽.

8   『詩經』, 「大雅·文王之什·文王」, "文王陟降, 在帝左右."

9   『詩經』, 「大雅·文王之什·文王」.

10 張岱年 저, 김백희 역, 「제1편 天人關係論」, 『중국철학대강(上)-중국철학문제
    사』, (서울: 까치, 2000), 359~385쪽.

11 『老子』, 〈第三十一章〉, "故道大, 天大, 地大, 王亦大. 域中有四大, 而王居其一焉."

12 勞思光 저, 정인재 역, 「V. 동중서와 '天人相應'의 관념」, 『중국철학사(한당편)』,
    (서울: 탐구당, 1997), 34~44쪽 ; 북경대학교 철학과연구실 저, 박원재 역, 『중
    국철학사II(한당편)』, (서울: 간디서원, 2005), 46~55쪽.

13 司馬遷 편, 『史記』, 「五帝本紀第一」의 오제는 ①黃帝 軒轅氏·②顓頊 高陽氏·
    ③帝嚳 高辛氏·④帝堯 陶唐氏·⑤帝舜 有虞氏이다.

14 班固 저, 신정근 역, 『白虎通義』, (서울: 소명출판, 2005), 70~72쪽 ; 이춘식
    저, 『중국 고대사의 전개』, (서울: 신서원, 1997), 27~29쪽.

15 李宗桂 저, 이재석 역, 『중국문화개론』, (서울: 동문선, 1993), 125~137쪽.

16 『弘明集』9~10, 「蕭琛難范縝神滅論~大梁皇帝敕答臣下神滅論」(『大正藏』52,
    54c~60b) ; 박해당, 「神滅과 神不滅 논쟁」, 『논쟁으로 보는 불교철학』, (서울:
    예문서원, 1998), 90~118쪽 ; 구보타 료온 저, 최준식 역, 『중국유불도 삼교의
    만남』, (서울: 민족사, 1994), 61~68쪽.

17 『孟子』,「滕文公 下」, "昔者禹抑洪水而天下平, 周公兼夷狄, 驅猛獸而百姓寧, 孔子成春秋而亂臣賊子懼."(MZ06090213)

18 Garma C. C. Chang 저, 이찬수 역, 『화엄철학』, (서울: 경서원, 1998), 253~298쪽 ; 박채숙, 「법장의 법계성기사상 연구」, (서울: 동국대 박사학위논문, 1998), 80~87쪽 ; 慧潤, 석원욱 역, 「화엄법계관법의 구조와 특징」, 『화엄사상론』, (서울: 운주사, 1990), 293~306쪽.

19 정성본 저, 『중국선종의 성립사 연구』, (서울: 민족사, 2000), 865~868쪽.

20 『中庸』, 〈二十七章〉 ; 馮友蘭 저, 곽신환 역, 『중국철학의 정신(新原道)』, (서울: 서광사, 1993), 12~13쪽.

21 平川彰 저, 「國法を超えろサンガの確立」, 『原始佛教の研究-教團組織の原型』, (동경: 춘추사, 1964), pp. 20~22 ; 377쪽 ; 자현, 「율의 개변 가능성과 〈승려법〉의 당위성 검토」, 『불교학보』 제61집(2012), 377쪽 ; 자현, 「한국불교의 계율개정론」, 『불교평론』 제53집(2013), 155쪽.

22 이의 가장 대표적인 예가 살인자인 Aṅgulimāla를 파사닉왕이 잡아들이지 못하는 측면이다. 『增壹阿含經』31, 「力品第三十八之一一六」(『大正藏』2, 719b~722c).

23 자현, 「붓다 탄생의 예언에 관한 고찰」, 『불교학연구』 제12호(2005), 495~502쪽.

24 길희성 저, 『인도철학사』, (서울: 민음사, 1993), 4쪽.

25 高亨 저, 김상섭 역, 『高亨의 주역』, (서울: 예문서원, 1996), 28~29쪽 ; 朱熹 저, 김상섭 역, 「本圖書第一」, 『易學啓蒙』, (서울: 예문서원, 1999), 35쪽 ; 狩野直喜 저, 오이환 역, 『중국철학사』, (서울: 을유문화사, 1997), 90쪽 ; 이창일 저, 『소강절의 철학-先天易學과 상관적 사유』, (서울: 심산, 2007), 133~137쪽.

26 周敦頤 저, 朱熹 註, 『通書解』, 「誠上第一」, "易有兩義 一是變易 便是流行底 一是交易 便是待對底" ; 張岱年 저, 김백희 역, 『중국철학사대강 상』, (서울: 까치, 2000), 253쪽.

27 김길수·윤상철 저, 『주역입문』, (서울: 대유학당, 1997), 24쪽.

28 『周易』, 「繫辭 上」, ZY繫辭上05.

29 같은 책, ZY繫辭上11.

30 劉牧 저, 『通志堂經解』, 「易數鉤隱圖序」, "卦者, 聖人設之, 觀於象也. 象者, 形上之應. 原其本則形由象生, 象由數設. 捨其數則無以見四象所由之宗矣"

31 程頤·朱熹 저, 김석진 역, 「易本義圖」·「五贊」·「筮儀」, 『周易傳義大全解釋 상』, (서울: 대유학당, 1997), 59~158쪽.

32 葉郎 저, 이건환 역, 『중국미학사대강』, (서울: 백선문화사, 2000), 72쪽.

33 『周易』, 「繫辭 下」, "(是故)易者, 象也, 象也者, 像也."(ZY繫辭下03)

34 같은 책, "古者包犧氏之王天下也, 仰則觀象於天, 俯則觀法於地, 觀鳥獸之文與地之宜, 近取諸身, 遠取諸物, 於是始作八卦, 以通神明之德, 以類萬物之情."(ZY繫辭下02)

35 같은 책,「繫辭 上」, "聖人有以見天下之賾, 而擬諸其形容, 象其物宜, 是故謂之 象. 聖人有以見天下之動, 而觀其會通, 以行其典禮, 繫辭焉以斷其吉凶, 是故謂 之爻. 言天下之至賾, 而不可惡也, 言天下之至動, 而不可亂也. 擬之而後言, 議 之而後動, 擬議以成其變化."(ZY繫辭上08)

36 葉郎 저, 이건환 역,『중국미학사대강』, (서울: 백선문화사, 2000), 80쪽.

37 『周易』,「繫辭 上」, "子曰, [書不盡言, 言不盡意.] 然則聖人之意其不可見乎? 子 曰, [聖人立象以盡意, 設卦以盡情僞, 繫辭焉以盡其言, 變而通之以盡利, 鼓之 舞之以盡神.]"(ZY繫辭上12)

38 程頤·朱熹 저, 김석진 역,『筮儀』,『周易傳義大全解釋 상』, (서울: 대유학당, 1997), 149~158쪽.

39 高亨 저, 김상섭 역,『高亨의 주역』, (서울: 예문서원, 1996), 21~22쪽.

40 朱伯崑 저, 김학권 역,『周易散策』, (서울: 예문서원, 1999), 29쪽.

41 朱熹 저,『朱子全書』13,『朱子語類(16)』, (상해: 상해고적출판사, 2002), p. 546.

42 義理易의 전승과 관련해서 공자까지 소급하기도 하지만(쓰치다 겐지로 저, 성 현창 역,『北宋道學史』, 서울: 예문서원, 2006, 316~317쪽), 그 실질적인 개창 자는 魏나라의 王弼(226~249)이다(高懷民 저, 신하령·김태완 역,『象數易學』, 서울: 신지서원, 1994, 326~368쪽). 이것을 晋의 韓康伯(322~380)과 唐初의 孔穎達(574~648)이 계승하게 된다. 朱伯崑 외 저, 김학권 역,『周易散策』, (서 울: 예문서원, 1999), 117~120, 124~127쪽.

43 쓰치다 겐지로 저, 성현창 역,『北宋道學史』, 서울: 예문서원, 2006, 314~317 쪽 ; 葉郎 저, 이건환 역,『중국미학사대강』, (서울: 백선문화사, 2000), 72쪽.

44 勞思光 저, 정인재 역,『중국철학사(송명편)』, (서울: 탐구당, 1991), 181~195쪽.

45 馮友蘭 저, 박성규 역, 「2) 先天圖와 기타 그림」,『중국철학사 하』, (서울: 까치, 1999), 460~464쪽 ; 朱伯崑 외 저, 김학권 역, 「2. 先天圖」,『周易散策』, (서 울: 예문서원, 1999), 173~179쪽 ; 이창일 저,『소강절의 철학-先天易學과 상 관적 사유』, (서울: 심산, 2007), 139~232쪽.

46 자현,「『樓炭經』계통과『大毘婆沙論』계통의 수미산 우주론 차이 고찰-'도리천 의 구조'와 '지옥의 문제'를 중심으로」,『철학논총』제56집(2009), 227~230쪽.

47 馮友蘭 저, 박성규 역, 「2) 先天圖와 기타 그림」,『중국철학사 하』, (서울: 까치, 1999), 473쪽, "宗密은『俱舍論』頌을 인용하여 세계의 成·住·壞·空을 논했는 데, 이후 道學者들의 우주발생론은 모두 이 영향을 받았다. 강절의 세계 연표 도 아마 佛學에서 논의된 의미를 취하여 64괘의 음양 消息으로써 우주의 발생 을 설명했을 것이다."

48 馮友蘭 저,『중국철학사(상책)』, (상해: 화동사범대학출판사, 2003), pp. 123~129 ; 梁啓超·馮友蘭 외 저, 김홍경 역,『음양오행설의 연구』, (서울: 신지 서원, 1993), 37~44쪽. 소옹시대 음양·오행의 習合과 관련해서는 동시대인인 周敦頤(1017~1073)의 〈太極圖說〉과 관련된 문제(시마다 겐지 저, 김석근·이 근우 역,『주자학과 양명학』, 서울: 까치, 1990, 41~44쪽)를 통해 단적인 인식

이 가능하다.

49 소옹은 오행 대신 水·火·土·石이라는 땅의 四體說이라는 특이한 주장을 한다. 이와 관련해서 이것이 불교의 四大說의 영향이라는 주장도 있다(狩野直喜 저, 오이환 역,『중국철학사』, 서울: 을유문화사, 1997, 361쪽).

50 朱伯崑 외 저, 김학권 역,『周易散策』, (서울: 예문서원, 1999), 121쪽.

51 소옹의 학설에 대한 비판은 일본의 狩野直喜에 의한 것이 가장 통렬하며, 이는 시마다 겐지 등에 의해서도 수용된다. 狩野直喜 저, 오이환 역,『중국철학사』, (서울: 을유문화사, 1997), 358쪽, "요컨대 선생을 지하에서 불러 일으켜 가르침을 청하지 않는다면 도저히 그 뜻을 깨달을 수 없는 것이다"·361쪽, "(소옹의) 그 억지에 웃지 않을 수 없다. … 역사적 사실에 의거하여 증명한다는 것은 도저히 불가능한 것이다."; 시마다 겐지 저, 김석근·이근우 역,『주자학과 양명학』, (서울: 까치, 1990), 91쪽.

52 『河南程氏遺書』10, "嘗觀堯夫詩意, 纔做得識道理. 郤於儒術未見所得.";『河南程氏遺書』7, "邵堯夫猶空中樓閣"; 勞思光 저, 정인재 역,『중국철학사(송명편)』, (서울: 탐구당, 1991), 183~187쪽 ; 이창일 저,『소강절의 철학-先天易學과 상관적 사유』, (서울: 심산, 2007), 45쪽.

53 狩野直喜 저, 오이환 역,『중국철학사』, (서울: 을유문화사, 1997), 361쪽.

54 『阿毘達磨俱舍論』18,「分別業品第四之六」(『大正藏』29, 95a), "謂我世尊昔菩薩位最初逢一佛號釋迦牟尼. 遂對其前發弘誓願. 願我當作佛一如今世尊. 彼佛亦於末劫出世. 滅後正法亦住千年. 故今如來一一同彼. 我釋迦菩薩於何位中何波羅蜜多修習圓滿."

55 시마다 겐지 저, 김석근·이근우 역,『주자학과 양명학』, (서울: 까치, 1990), 90~91쪽.

56 『阿毘達磨俱舍論』12,「分別世品第三之五」(『大正藏』29, 62b~67b).

57 시마다 겐지 저, 김석근·이근우 역,『주자학과 양명학』, (서울: 까치, 1990), 90쪽.

58 이창일 저,『소강절의 철학-先天易學과 상관적 사유』, (서울: 심산, 2007), 329~334쪽.

59 『宋史』427,「道學列傳」,〈邵雍〉, "雍探賾索隱, 妙悟神契, 洞徹蘊奧. 汪洋浩博, 多其所自得者"; 勞思光 저, 정인재 역,『중국철학사(송명편)』, (서울: 탐구당, 1991), 181~182쪽.

60 『老子』,〈第80章〉, "小國寡民 使有什伯之器 而不用 使民重死 而不遠徙 雖有舟車 無所乘之 雖有甲兵 無所陳之 使民復結繩而用之 甘其食 美其服 安其居 樂其俗 國相望 鷄犬之音相聞 民至老死 不相往來"

61 『禮記』,「禮運第九」, LJ09.001.

62 王肅 注,『孔子家語』7,「禮運第三十二」, "孔子曰:「昔大道之行, 此謂三皇五帝時大道行也/ 與三代之英, 英秀謂禹湯文武也/ 吾未之逮也, 而有記焉."; 鄭玄 著,『三禮註』참조.

63 『孔子家語』7,「禮運第三十二」.

64 『禮記』,「禮運第九」,"大道之行也, 天下爲公, 選賢與能, 講信, 修睦. 故人不獨親其親, 不獨子其子, 使老有所終, 壯有所用, 幼有所長, 矜寡孤獨廢疾者皆有所養. 男有分, 女有歸. 貨惡其弃於地也不必藏於己, 力惡其不出於身也, 不必爲己. 是故謀閉而不興, 盜竊亂賊而不作, 故外戶而不閉, 是謂大同."(LJ09,001)

65 『論語』,「衛靈公第十五」,"子曰, [無爲而治者其舜也與? 夫何爲哉? 恭己正南面而已矣.]"(LY1505)

66 북경대학교 철학과연구실 저, 박원재 역, 『중국철학사Ⅰ(선진편)』, (서울: 간디서원, 2005), 161~166쪽 ; 馮友蘭 저, 정인재 역, 『간명한 중국철학사』, (서울: 형설출판사, 2008), 233~235쪽.

67 『韓非子』,「五蠹第四十九」,"今有搆木鑽燧於夏後氏之世者, 必爲鯀·禹笑矣; 有決瀆於殷·周之世者, 必爲湯·武笑矣. 然則今有美堯·舜·湯·武·禹之道於當今之世者, 必爲新聖笑矣. 是以聖人不期修古, 不法常可, 論世之事, 因爲之備. 宋人有耕田者, 田中有株, 免走觸株, 折頸而死, 因釋其耒而守株, 冀復得免, 免不可復得, 而身爲宋國笑. 今欲以先王之政, 治當世之民, 皆守株之類也。"

68 陶淵明 저, 『陶淵明集』6.

69 이석호 역주, 『한국기인전·청학집』, (서울: 明文堂, 1990), 중 「청학집」 참조.

70 멀치아 엘리아데 저, 이동하 역, 『聖과 俗』, (서울: 학민사, 1997), 34쪽.

71 馮友蘭 저, 『중국철학사(下册)』, (상해: 화동사범대학출판사, 2000), p. 329, "『논어』에 [주나라를 계승한 왕조는 100세 이후라도 알 수 있다]고 했는데, [30년이 한 세대이니 '100세'는 3,000년이다.] 따라서 [공자는 3,000년 후에 반드시 성인이 다시 나타나 大同의 새 가르침을 선양하리라는 것을 미리 알았다]고 말했다. 康有爲는 그 성인을 자처하며 『大同書』를 지어 [大同의 새 가르침을 선양했다.]"

72 『孟子』,「離婁 上」,"詩云, 商之孫子, 其麗不億. 上帝旣命, 侯于周服. 侯服于周, 天命靡常."(MZ07070005) ;「梁襄王 下」,"齊宣王問曰, [湯放桀, 武王伐紂, 有諸?] 孟子對曰, [於傳有之.] 曰, [臣弑其君, 可乎?] 曰, [賊仁者謂之'賊', 賊義者謂之'殘'. 殘賊之人謂之'一夫'. 聞誅一夫紂矣, 未聞弑君也.]"(MZ020801-3)

73 이정호 저, 「5. 정역에 대하여」, 『正易과 一夫』, (서울: 아세아문화사, 1985), 163쪽.

74 『漢書』87上,「列傳」,〈揚雄傳第五十七〉,"上實好古而樂道, 其意欲求文章成名於後世, 以爲經莫大於{易}, 故作{太玄};傳莫大於{論語}, 作{法言}"

75 이정호 저, 『正易과 一夫』, (서울: 아세아문화사, 1985), 6~7, 161쪽 ;『道典』, "1편 9장 : 『정역』을 완성함 - 54세 되는 己卯(道紀 9, 1879)년에 이르러, 눈을 뜨나 감으나 앞이 환하여지고 알 수 없는 卦劃이 끊임없이 눈앞에 나타나기 시작하더니 3년을 두고 차츰 선명해지고 커져 마침내 온 천지가 괘획으로 가득찰 지경에 이르렀으나 그 뜻을 알지 못하니라. 그 후 어느 날 『주역』「說卦傳」의 '神也者 妙萬物而爲言者也'라는 구절을 읽다가 문득 모든 것이 공자의 예시

탄허의 예언과 그 불꽃 같은 생애

임을 확연히 깨닫고 이에 새로이 正易八卦를 그리니, 이는 抑陰尊陽의 先天 伏
羲八卦와 文王八卦에 이은 正陰正陽의 後天 八卦圖라. 卦를 다 그린 순간 홀
연히 공자가 현신하여 [내가 일찍이 하고자 하였으나 이루지 못한 것을 그대가
이루었으니 참으로 장하도다.]하고 크게 칭찬하며 그를 '一夫'라 칭하니라. 乙酉
(道紀 15, 1885)년에 이르러 드디어 『정역』을 완성하니, 그동안 눈앞에 선명하
게 보이던 卦象이 비로소 사라지니라."

76 1898년 강증산은 일부러 김일부를 찾아가 2~3시간의 만남이 있었다고 한다
(윤종빈 저, 『정역과 주역』, 대전: 상생출판, 2009, 34쪽). 당시 김일부는 충남
連山에 살고 있었는데, 연산은 흥미롭게도 하나라의 전설적인 易의 명칭인 '連
山'과 일치된다.

77 『典經』, 「敎運」, "1장 9절 : 상제께서 어느 날 김 형렬에게 가라사대 「서양인 利
瑪竇가 동양에 와서 지상 천국을 세우려 하였으되 오랫동안 뿌리를 박은 유교
의 폐습으로 쉽사리 개혁할 수 없어 그 뜻을 이루지 못하였도다. 다만 천상과
지하의 경계를 개방하여 제각기의 지역을 굳게 지켜 서로 넘나들지 못하던 신
명을 서로 왕래케 하고 그가 사후에 동양의 文明神을 거느리고 서양에 가서 文
運을 열었느니라. 이로부터 지하신은 천상의 모든 묘법을 본받아 인세에 그것
을 베풀었노라. 서양의 모든 문물은 천국의 모형을 본딴 것이라」 이르시고 「그
문명은 물질에 치우쳐서 도리어 인류의 교만을 조장하고 마침내 천리를 흔들고
자연을 정복하려는 데서 모든 죄악을 끊임없이 저질러 신도의 권위를 떨어뜨
렸으므로 천도와 인사의 상도가 어겨지고 삼계가 혼란하여 도의 근원이 끊어
지게 되니 원시의 모든 신성과 불과 보살이 회집하여 인류와 신명계의 이 겁액
을 구천에 하소연하므로 내가 서양 大法國 天啓塔에 내려와 천하를 大巡하다
가 이 동토에 그쳐 모악산 금산사 三層殿 彌勒金佛에 이르러 삼십년을 지내다
가 최 제우에게 濟世大道를 계시하였으되 제우가 능히 유교의 전헌을 넘어 대
도의 참 뜻을 밝히지 못하므로 甲子년에 드디어 천명과 神敎를 거두고 辛未년
에 강세하였노라」고 말씀하셨도다."

78 자현 저, 『탄허-허공을 삼키다』, (서울: 민족사, 2013), 82쪽.

79 탄허불교문화재단·오대산문도회 편, 『탄허 대종사 연보』, (서울: 교림, 2012),
32쪽, "1930년 18세 : 책이 없어 『주역』을 공부하지 못하다가 처가에서 소를 팔
아 『주역』을 사주자 집에 돌아오지 않아 글방을 방문해 보니 흡사 미친 듯 춤
을 추며 큰 소리로 책을 읽고 있었다. 그것을 보고 처자불고 가사불고를 하지
않겠냐고 포기했다고 한다. 탄허선사께서는 당시 『주역』을 손에 들고 500독을
했다고 한다."

80 김광식, 「탄허 스님의 생애와 교화활동」, 『탄허선사의 선교관』, (평창: 오대산
월정사, 2004), 261쪽 ; 무관, 「탄허의 선사상」, 『탄허선사의 선교관』, (평창:
오대산월정사, 2004), 77쪽 ; 탄허 저, 『피안으로 이끄는 사자후』, (서울: 교
림, 1997), 131쪽 ; 탄허 저, 『부처님이 계신다면』, (서울: 교림, 2005), 32~34,
292, 338~339쪽.

81 장화수 저, 『21세기 대사상』, (서울: 혜화출판사, 1996), 254쪽 ; 탄허 저, 『피안으로 이끄는 사자후』, (서울: 교림, 1997), 101쪽, "저의 先考께서 17세부터 독립운동을 하셨습니다. 그래서 늘 정치문제를 가지고 저를 가르쳤습니다." 탄허의 부친 김홍규는 2005년 8월 15일 광복절에, 독립운동을 한 공로를 인정받아 국가로부터 독립운동 건국포장을 받는다. 이로 인하여 2005년 11월 19일에 대전 현충원의 독립유공자 제3묘역의 331호에 안치된다(탄허불교문화재단·오대산문도회 편, 『탄허 대종사 연보』, 서울: 교림, 2012, 660~663쪽).

82 탄허 저, 「後天世界의 전개와 한국의 미래」, 『부처님이 계신다면』, (서울: 교림, 2005), 101~137, 338~339쪽.

83 탄허 저, 「4. 術과 道」, 『부처님이 계신다면』, (서울: 교림, 2005), 34~35쪽.

84 탄허 저, 『피안으로 이끄는 사자후』, (서울: 교림, 2000), 168쪽, "『성경』이나 노스트라다무스의 예언은 체계적인 것이 없습니다. 이론의 뒷받침이 없습니다. 어째서 인류가 멸망하느냐, 어떻게 멸망하느냐, 멸망한 뒤에는 어떻게 되느냐 하는데 대해서 합리적인 설명이 없습니다. 김일부 선생의 『정역』은 이런 문제를 밝혀주고 있으며, 누구도 부인 못할 증거들을 보여주고 있습니다.", 266쪽, "예수는 불의 심판, 노스트라다무스는 지구멸망으로 예언하고 있지만, 우리의 역학만큼 체계적이지는 못합니다. 역학은 체계적이고 합리적인 이론으로 뒷받침되고 있지요."

85 탄허 저, 「後天世界의 전개와 한국의 미래」, 『부처님이 계신다면』, (서울: 교림, 2005), 101~137쪽 ; 탄허 저, 『피안으로 이끄는 사자후』, (서울: 교림, 2000), 168쪽.

86 程頤·朱熹 저, 김석진 역, 「易本義圖」, 『周易傳義大全解釋 상』, (서울: 대유학당, 1997), 116쪽, "右(文王八卦圖를 의미함)見說卦. 邵子曰 此文王八卦, 乃入用之位, 後天之學也." ; 朱熹 저, 김상섭 역, 「原卦畫第二」, 『易學啓蒙』, (서울: 예문서원, 1999), 89~158쪽.

87 邵康節 저, 노영균 역, 「역자 서문」, 『황극경세서』, (서울: 대원출판, 2002), 20쪽 ; 이정호 저, 「1. 正易八卦圖의 출현」, 『正易과 一夫』, (서울: 아세아문화사, 1985), 10~15쪽.

88 朱熹 저, 『朱子語類』3, 「鬼神」, "17: 氣聚則生, 氣散則死. 泳(66때)" ; 『朱子語類』126, 「釋氏」, "13: 氣聚則生, 氣散則死, 順之而已, 釋老則皆悖之者也. 廣(65세 이후)." ; 시마다 겐지 저, 김석근·이근우 역, 『주자학과 양명학』, 서울: 까치, 1990, 102~104쪽 ; 윤영해 저, 「제1절 윤회설 비판」, 『주자의 선불교비판 연구』, (서울: 민족사, 2000), 173~197쪽 ; 『弘明集』5, 「沙門不敬王者論形盡神不滅第五」(『大正藏』52, 31b), "既化而為生. 又化而為死. 既聚而為始. 又散而為終. 因此而推. 故知神形俱化原無異統. 精麁一氣始終同宅. 宅全則氣聚而有靈. 宅毀則氣散而理滅. 散則反所受於大本. 滅則復歸於無物. 反覆終窮皆自然之數耳. 孰為之哉." ; 鄭道傳 著, 『佛氏雜辨』, 「1. 佛氏輪廻之辯」.

89 소강절 저, 노영균 역, 「역자 서문」, 『황극경세서』, (서울: 대원출판, 2002),

탄허의 예언과 그 불꽃 같은 생애

6~26쪽.

90 탄허 저, 「4. 術과 道」, 『부처님이 계신다면』, (서울: 교림, 2005), 34쪽, "그런데 요즈음 공부하는 사람들 말인데, 6·25사변 같은 것이 언제 날까 이런 것들을 아는 것을 道인 줄 알아. 그건 術家의 사상이야. 術客이 하는 짓이지. 道자리는 아는 것이 끊어진 것이 道지, 아는 것은 道가 아니에요."

91 탄허 저, 『부처님이 계신다면』, (서울: 교림, 2005), 209쪽.

92 김광식, 「탄허 스님의 생애와 교화활동」, 『탄허선사의 선교관』, (평창: 오대산 월정사, 2004), 256~261쪽 ; 무관, 「탄허의 선사상」, 『탄허선사의 선교관』, (평창: 오대산월정사, 2004), 77~78쪽.

93 탄허 저, 『부처님이 계신다면』, (서울: 교림, 2005), 208쪽.

94 이는 한암 스님의 유촉에 따른 것이었다. 탄허 저, 『부처님이 계신다면』, (서울: 교림, 2005), 203쪽 ; 김광식, 「탄허 스님의 생애와 교화활동」, 『탄허선사의 선교관』, (평창: 오대산월정사, 2004), 274쪽 ; 탄허, 「화엄경의 신앙세계」, 『불광 (통권71호)』, 1980년 7월호, 54~55쪽, "그때 스님께서 말씀하시기를, 이 화엄론을 吐를 붙여서 출판 보급했으면 좋겠다는 말씀이셨다. '화엄론은 참선하는 사람이 아니면 볼 근기가 못되니 강당에서는 행세할 수가 없다. 그러니 현토하여 출판했으면 좋겠다'는 것이었다. 그로부터 약 40년이 지난 근년에 내가 화엄경 번역을 완성한 것은 그 때 우리 스님의 부촉이 종자가 되었던 것이다. 결국 나는 스님의 부촉에 몇 배를 더해서 완성한 셈이다"

95 자현 저, 『탄허-허공을 삼키다』, (서울: 민족사, 2013), 104~116쪽.

96 탄허 저, 『부처님이 계신다면』, (서울: 교림, 2005), 128쪽.

97 같은 책, 199쪽.

98 탄허 역, 「서문」, 『(현토역해) 화엄경합론 1』, (서울: 교림, 1975), 1쪽, "일체 수다라 중 삼장·십이부와 五教十乘의 法門을 一以貫之한 것은 오직 이 화엄이니, 百川衆流가 바다로 돌아가고야 만다면 일체 教門은 圓教로 돌아가지 않을 수 없을 것이다." ; 탄허 저, 『부처님이 계신다면』, (서울: 교림, 2005), 250쪽, "최초에 우주관·인생관을 타파해서 설한 화엄학은 법신의 所說이라 하고, 대중이 못 알아들으니까 49년 동안 화엄학을 부연한 팔만대장경은 化身의 所說이라고 합니다."

99 탄허 저, 『부처님이 계신다면』, (서울: 교림, 2005), 146쪽.

100 탄허장학회 편, 『탄허 강설집(현토역해 신화엄경합론1)』, (서울: 불광출판사, 2003), 87쪽.

101 탄허 저, 『부처님이 계신다면』, (서울: 교림, 2005), 18~19쪽.

102 탄허, 「화엄경의 신앙세계」, 『불광(통권71호)』, 1980년 7월호, 55쪽, "수도생을 위하여 화엄학을 중심으로 교수하고 있었는데 그 기초 과정으로 『永嘉集』, 『起信論』 또는 『楞嚴經』을 배워 갔다. 그래서 어느 정도 수준에 오른 다음에 화엄을 공부하기로 하였던 것이다. 그리고 특강으로 노장학이나 『주역』 등을 간간이 했었다." ; 김문환, 「〈탄허 스님의 생애와 교화활동〉 논평」, 『탄허선사의 선

교관』, (평창: 오대산월정사, 2004), 337쪽 ; 임상희, 「탄허 택성의 화엄 사상」, 『한국불교학』 제63집(2012), 117쪽.

103 김성철, 「탄허 스님의 예지, 그 배경과 의의」, 『한국불교학』 제63집(2012), 198~199쪽. "『정역』과는 무관한 것으로 보이는 예언들을 열거하면 다음과 같다. * 역사적 사실과 부합한 예언들: ①6·25사변 발발을 예감하고 통도사로 이주. ②울진, 삼척 공비 사태를 예감하고 번역 원고를 옮김. ③마오쩌둥(毛澤東)의 사망(1976년 사망). ④박정희가 1978년 金氣로 인해서 사망할 것이라 예언(그러나 1979년 사망). ⑤1980년 광주민주화운동 이전에 얼마 후 많은 희생이 있을 것이라고 예측. ⑥10·26이후 김대중, 김영삼, 김종필의 이른 바 '3김'이 대권을 향하여 각축을 벌일 때, 셋 모두 안 되고 제3의 인물이 집권할 것이라고 예측함. * 빗나간 예언: ①북한의 김일성이 1977년 4월4일 사망할 것이다. ②우리나라에서 사우디아라비아 이상으로 많은 양의 석유가 매장되어 있으며 이를 개발하여 부유한 나라가 될 것이다."

104 자현 저, 『탄허-허공을 삼키다』, (서울: 민족사, 2013), 32~35쪽.

105 김성철, 「탄허 스님의 예지, 그 배경과 의의」, 『한국불교학』 제63집(2012), 196~199쪽.

106 탄허 저, 『피안으로 이끄는 사자후』, (서울: 교림, 2000), 163쪽, "한국전쟁의 예지 - 아침에 일어나면 개미떼가 자기들끼리 싸움질을 해서 수백 마리씩 죽어 있는 것을 보곤 했습니다. 법당에서도 그렇고 이 [상원사의] 중대 뜰에서도 그렇고 그런 게 보이는 것 아닙니까? 하늘은 하늘의 상을 보이고 땅은 땅의 상을 보이고 사람은 사람의 상을 보이고, 꼭 사람의 상만 보는 것이 관상이 아니거든요. 짐승들도 지진을 예지한다는데, 하물며 그런 큰 난리의 조짐은 다 보이게 되는 겁니다." ; 탄허 저, 『부처님이 계신다면』, (서울: 교림, 2005), 127쪽, "최근 세계적인 풍조를 보면 여자들이 몸을 드러내는 의상을 부끄러움 없이 하고 다니는데, 이는 곧 지구가 적나라하게 드러날 조짐을 단적으로 나타내는 像이라 할 것입니다."

107 김성철, 「탄허 스님의 예지, 그 배경과 의의」, 『한국불교학』 제63집(2012), 174쪽 ; 월정사·김광식 편, 『方山窟의 無影樹 상』, (서울: 민족사, 2013), 256쪽 외 다수, "스님은 보통 저녁 아홉시가 되면 별일이 없으시면 주무십니다. 그리고 밤 열 두 시나 새벽 한 시가 되면 일어나십니다. 일어나시면 세수를 하시고, 간단한 스트레칭을 하시고서는 바로 참선을 두세 시간 하십니다."; 탄허 저, 『부처님이 계신다면』, (서울: 교림, 2005), 174쪽, "9시에 자리에 들어 꼭 한숨 자고 깨면 2시나 3시가 되지, 그 이후에는 주로 침묵하지. 사색도 하면서, 때로는 소일도 하고."

108 『宋史』427, 「道學列傳」, 〈邵雍〉, "雍知廬絕人, 遇事能前知"

109 『四分律』51, 「雜揵度之一」(『大正藏』22, 946b·c) ; 『十誦律』37, 「雜誦中調達事之二」(『大正藏』23, 269a·b) ; 『鼻奈耶』6, 「二不定及三十捨墮法」(『大正藏』24, 877b·c).

탄허의 예언과 그 불꽃 같은 생애

110 『佛本行集經』40~42,「迦葉三兄弟品第四十四上~迦葉三兄弟品下」(『大正藏』3, 841b~849a), "(849a), 如來爲彼優婁頻螺迦葉等輩. 示現如是五百神通."

111 탄허 저,「4. 術과 道」,『부처님이 계신다면』, (서울: 교림, 2005), 34~35쪽, "여 러분이 다 아시다시피 부처님에겐 육신통이 있지 않습니까? 여섯 가지 신통 중 에 漏盡通을 내놓고는 다 術입니다. 만일 누진통이 없다면, 다 아는 것이 붙어 있으니까 '術'이라는 거지요."

112 이재수,「法華七喩와 생태학적 상상력」,『한국불교학』제40집(2005), 209~216 쪽 ; 김진성,「法華經의 法華七喩 소고」,『인문과학 연구』제12권(2007), 3~14 쪽.

참고문헌

|

〈불교경전, 유가 경서, 문집 등 고전류〉
『증일아함경增壹阿含經』, 『대정장(대정신수대장경)』2, 『불본행집경佛本行集經』, 『대정장』3.
『사분율四分律』, 『대정장』22, 『십송율十誦律』, 『대정장』23, 『비나야鼻奈耶』, 『대정장』24, 『아비달마구사론阿毘達磨俱舍論』, 『대정장』29, 『홍명집弘明集』, 『대정장』52.

『공자가어孔子家語』, 『노자老子』, 『논어論語』, 『맹자孟子』, 『상서尙書』, 『송사宋史』, 『시경詩經』, 『예기禮記』, 『주역周易』, 『중용中庸』, 『한비자韓非子』, 『한서漢書』, 陶淵明 저, 『도연명집陶淵明集』, 司馬遷 편, 『사기史記』, 劉牧 저, 『통지당경해通志堂經解』, 王肅 注, 『공자가어孔子家語』, 鄭道傳 저, 『불씨잡변佛氏雜辨』, 程顥·程頤 저, 『하남정씨유서河南程氏遺書』, 鄭玄 저, 『삼례주三禮註』, 周敦頤 저, 朱熹 註, 『통서해通書解』, 朱熹 저, 『주자어류朱子語類』, 『전경典經』, 『도전道典』.

〈근래 간행 도서 및 저서〉
朱熹 저, 『朱子全書』, 상해: 상해고적출판사, 2002.
班古 저, 신정근 역, 『白虎通義』, 서울: 소명출판, 2005.
邵康節 저, 노영균 역, 『황극경세서』, 서울: 대원출판, 2002.
이석호 역주, 『한국기인전·청학집』, 서울: 명문당, 1990.
程頤·朱熹 저, 김석진 역, 『周易傳義大全解釋 상』, 서울: 대유학당, 1997.
朱熹 저, 김상섭 역, 『易學啓蒙』, 서울: 예문서원, 1999.
탄허 역, 『(현토역해) 화엄경합론 1』, 서울: 교림, 1975.

길희성 저, 『인도철학사』, 서울: 민음사, 1993.

김길수·윤상철 저, 『주역입문』, 서울: 대유학당, 1997.

김능근 저, 『유교의 天사상』, 서울: 숭실대학교 출판부, 1988.

김득만·장윤수 저, 『중국철학의 이해』, 서울: 예문서원, 2000.

월정사·김광식 편, 『方山窟의 無影樹 상』, 서울: 민족사, 2013.

윤종빈 저, 『正易과 周易』, 대전: 상생출판, 2009.

이정호 저, 『正易과 一夫』, 서울: 아세아문화사, 1985.

이춘식 저, 『중국 고대사의 전개』, 서울: 신서원, 1997.

자　현 저, 『탄허-허공을 삼키다』, 서울: 민족사, 2013.

장화수 저, 『21세기 대사상』, 서울: 혜화출판사, 1996.

탄　허 저, 『부처님이 계신다면』, 서울: 교림, 2005.

탄　허 저, 『피안으로 이끄는 사자후』, 서울: 교림, 1997.

탄허불교문화재단·오대산문도회 편, 『탄허 대종사 연보』, 서울: 교림, 2012.

탄허장학회 편, 『탄허 강설집(현토역해 신화엄경합론1)』, 서울: 불광출판사, 2003.

平川彰 저, 『原始佛敎の硏究-敎團組織の原型』, 도쿄: 춘추사, 1964.

馮友蘭 저, 『중국철학사(上冊)』, 상해: 화동사범대학출판사, 2003.

　　　　　, 『중국철학사(下冊)』, 상해: 화동사범대학출판사, 2000.

Garma C. C. Chang 저, 이찬수 역, 『화엄철학』, 서울: 경서원, 1998.

高懷民 저, 신하령·김태완 역, 『象數易學』, 서울: 신지서원, 1994.

高亨 저, 김상섭 역, 『高亨의 주역』, 서울: 예문서원, 1996.

구보타 료온 저, 최준식 역, 『중국유불도 삼교의 만남』, 서울: 민족사, 1994.

金谷治 외 저, 조성을 역, 『중국사상사』, 서울: 이론과 실천, 1996.

勞思光 저, 정인재 역, 『중국철학사(고대편)』, 서울: 탐구당, 1994.

_____, 『중국철학사(한당편)』, 서울: 탐구당, 1997.

_____, 『중국철학사(송명편)』, 서울: 탐구당, 1991.

멀치아 엘리아데 저, 이동하 역, 『聖과 俗』, 서울: 학민사, 1997.

북경대철학과연구실 저, 박원재 역, 『중국철학사 I (선진편)』, 서울: 간디
서원, 2005.

_____, 『중국철학사 II (한당편)』, 서울: 간디
서원, 2005.

葉郎 저, 이건환 역, 『중국미학사대강』, 서울: 백선문화사, 2000.

狩野直喜 저, 오이환 역, 『중국철학사』, 서울: 을유문화사, 1997.

쓰치다 겐지로 저, 성현창 역, 『北宋道學史』, 서울: 예문서원, 2006.

시마다 겐지 저, 김석근·이근우 역, 『주자학과 양명학』, 서울: 까치,
1990.

梁啓超·馮友蘭 외 저, 김홍경 역, 『음양오행설의 연구』, 서울: 신지서
원, 1993.

李宗桂 저, 이재석 역, 『중국문화개론』, 서울: 동문선, 1993.

張岱年 저, 김백희 역, 『중국철학대강(상)-중국철학문제사』, 서울: 까
치, 2000.

존 K. 페어뱅크·에드윈 O. 라이샤워·앨버트 M. 크레이그 저, 김한규·
전용만·윤병남 역, 『동양문화사(상)』, 서울: 을유문화사, 2004.

朱伯崑 저, 김학권 역, 『周易散策』, 서울: 예문서원, 1999.

馮友蘭 저, 곽신환 역, 『중국철학의 정신(新原道)』, 서울: 서광사, 1993.

_____, 박성규 역, 『중국철학사 하』, 서울: 까치, 1999.

_____, 정인재 역, 『간명한 중국철학사』, 서울: 형설출판사, 2008.

윤영해 저, 『주자의 선불교비판 연구』, 서울: 민족사, 2000.

이창일 저, 『소강절의 철학-先天易學과 상관적 사유』, 서울: 심산,
2007.

정성본 저, 『중국선종의 성립사 연구』, 서울: 민족사, 2000.

탄허의 예언과 그 불꽃 같은 생애

〈논문〉

김광식, 「탄허 스님의 생애와 교화활동」, 『탄허선사의 선교관』, 평창: 오대산 월정사, 2004.

무 관, 「탄허의 선사상」, 『탄허선사의 선교관』, 평창: 오대산월정사, 2004.

박해당, 「신멸과 신불멸 논쟁」, 『논쟁으로 보는 불교철학』, 서울: 예문서원, 1998.

慧 潤, 석원욱 역, 「화엄법계관법의 구조와 특징」, 『화엄 사상론』, 서울: 운주사, 1990.

박채숙, 「법장의 법계성기사상 연구」, 서울: 동국대 박사학위논문, 1998.

김성철, 「탄허 스님의 예지, 그 배경과 의의」, 『한국불교학』 제63집(2012).

김진성, 「法華經의 法華七喩 소고」, 『인문과학 연구』 제12권(2007).

이재수, 「法華七喩와 생태학적 상상력」, 『한국불교학』 제40집(2005).

임상희, 「탄허 택성의 화엄 사상」, 『한국불교학』 제63집(2012).

자 현, 「『樓炭經』계통과 『大毘婆沙論』계통의 수미산 우주론 차이 고찰—'도리천의 구조'와 '지옥의 문제'를 중심으로」, 『철학논총』 제56집(2009).

_____, 「붓다 탄생의 예언에 관한 고찰」, 『불교학연구』 제12호(2005).

_____, 「율의 개변 가능성과 〈승려법〉의 당위성 검토」, 『불교학보』 제61집(2012).

_____, 「한국불교의 계율개정론」, 『불교평론』 제53집(2013).

탄 허, 「화엄경의 신앙세계」, 『불광(통권71호)』, 1980년 7월호.

탄허 대선사 연보

|

법명은 택성宅成, 鐸聲. 법호는 탄허呑虛. 성씨는 김金. 속명은 금택金鐸.
자字는 간산艮山이다.

1913년 1월 15일 (음력)

전북 김제 만경에서 독립운동가인 율제栗濟 김홍규金洪奎 선생의
둘째 아들로 태어나다.

1918년 (6세)

이 때부터 1928년 16세 때까지 10여 년 간 부친과 조부金炳一,
그리고 향리의 선생으로부터 사서四書 삼경三經을 비롯한 유학의
전 과정을 수학하다.

1919년 (7세)

부친이 1919년부터 독립운동을 하다가 체포수감되어 1924년까
지 약 5년간 옥바라지를 하다.

1928년 (16세)

이 무렵 소년재사少年才士로 널리 이름이 알려져 잠시 부안군 봉
래산 월명암에서 반가班家의 자제를 가르치는 일을 하다.

1929년 (17세)

이 해 충남 보령으로 옮겨서 기호학파 면암 최익현의 재전再傳
제자인 이극종李克宗 선생으로부터 다시 『시경詩經』을 비롯한 삼
경三經과 『예기禮記』, 『춘추좌전春秋左傳』 등 경서經書를 수학하다.

탄허의 예언과 그 불꽃 같은 생애

1932년 (20세)

이즈음 노자老子『도덕경道德經』과 『장자莊子』 등 도가道家의 경전을 읽으면서 '도道란 무엇인가?'라는 새로운 주제에 관심을 갖기 시작하다. 또 이해 음력 8월 14일 처음으로 방한암方漢岩 스님께 서신을 보내다. 이후 22세에 입산하기까지 3년 동안 약 20여 통의 서신을 주고 받다.

1934년 (22세)

음력 9월 5일, 드디어 오대산 상원사로 입산하다. 그해 10월 15일(결제일)에 방한암方漢岩 스님을 은사로 구족계를 받다. 이후 2년 남짓 선원에서 묵언정진하다.

1936년 (24세)

6월, 강원도 삼본사(유점사, 건봉사, 월정사)는 선교禪敎를 겸수한 인재를 양성하기 위하여 '강원도 삼본사 연합 승려수련소'를 오대산 상원사에 설치하다. 이곳에서 탄허 스님은 은사 한암 스님의 증명하에 중강中講으로서『금강경』,『기신론』,『범망경』 등을 석사釋辭하다. 파격적인 이 일은 전국 불교계로 하여금 관심의 초점이 되다.

1937년 (25세)

상원사에서『금강반야바라밀경』 중간重刊 연기緣起 서문 지음

1939년 (27세)

선원의 구참선객인 고암, 탄옹 스님 등의 요청에 의하여 화엄산림(華嚴山林:『화엄경』과『화엄론』 강의)이 개설되다. 이 강의 역시 한암 스님의 증명 하에 탄허 스님이 석사하였는데, 11개월 만에 강의가 끝나자 한암 스님은 제자 탄허 스님에게『신화엄경합론新華嚴經合論』(화엄경과 화엄론)에 대하여 현토 간행을 유촉하다. 이것이

계기가 되어 훗날 탄허 스님은 『신화엄경합론新華嚴經合論』(47권)을 비롯한 『사교四教』, 『사집四集』 등 총 14종, 70권의 불교경전을 현토 역해하게 되다. 강원도 영월군 사자산 법흥사 법당 중건 상량문을 쓰다.

1949년 (37세)

입산 후 한국전쟁이 일어나기 1년 전인 이때까지 스승 한암 선사를 모시고 15년 동안 선원에서 좌선을 하다. 한편 한암 선사로부터 강원의 대교 과정과 이력履歷 과정, 그리고 『전등록』, 『선문염송』, 『보조법어』, 『육조단경』, 『영가집』 등 중요 선어록을 사사하다.

1951년 (39세)

음력 2월 15일, 스승 한암 선사가 열반하다.

1955년 (43세)

9월, 대한불교 조계종 강원도 종무원장 겸 월정사 조실에 추대되다.

1956년 (44세)

4월 1일, '대한불교 조계종 오대산 수도원'을 월정사에 설립하다. 기간은 5년, 자격은 승속 불문하고 강원의 대교과 졸업자나 대졸자, 또는 유가의 사서四書 수료자에 한하였다. 교과목은 내전으로는 『화엄경』, 『기신론』, 『영가집』, 『능엄경』 등이었고, 외전으로는 『노자(도덕경)』, 『장자』, 『주역』 등이었다. 강의는 탄허 스님이 전담했고, 식량 및 재정은 주로 월정사와 양청우 스님(건봉사 주지)이 전담했다. 또 외부강사(문인 백철, 조연현 등)를 초빙하여 동서 철학 및 문학 특강도 있었다. 오대산 수도원 설립의 목적은 불교와 사회 전반에 걸쳐 우수한 인재, 즉 지도자가 될 만한 인재를 양성하겠다는 이상理想을 바탕으로 전개된 불교계 최초의 교육 결사였다. 당시 수도원생으로는 법대생 및 문인들이 많았다. 오대산 수도원 출신의 문인으로서는 김종후(문학평론가), 김운학(문학평론가), 박용렬(아동문학가) 등이 있다.

이해 가을 무렵부터 수도원의 교재로 쓰기 위하여 본격적으로 『신화엄경합론』 등에 대하여 번역을 착수하다.

1958년 (46세)

1957년 11월부터 재정난으로 흔들리기 시작하던 수도원이 1958년 겨울, 대처 비구의 분쟁(정화)과 재정난으로 완전히 문을 닫게 되다.

1959년 (47세)

11월, 남은 제자들을 이끌고 영은사로 이거移去하다. 오대산 수도원의 후신인 '영은사 수도원'이 개설되다. 영은사(삼척)수도원은 1962년 10월까지 계속되다.

이해 『육조단경』 번역 원고를 탈고하다.

1960년 (48세)

4월 1일, 『현토 역해 육조법보단경』(1권)을 해동불교 역경원에서 간행하다. 이 무렵 『보조법어』 번역 원고를 탈고하다.

1962년 (50세)

10월, 다시 월정사 주지 발령을 받고 영은사에서 방산굴로 거처를 옮기다.

1963년 (51세)

9월 15일, 현토 역해 『보조법어』를 간행刊行하다. 경주慶州 명활산 분황사芬皇寺 약사여래동상 개금불사 시주공덕비명을 쓰다.

1965년 (53세)

11월, 동국대학교 대학선원(현 정각원) 원장에 임명되다. 정식 취임은 1966년 9월 20일.

1966년 (54세)

12월 26일, 수원 용주사에 설립된 동국역경원 초대 역장장譯場
長에 임명되다.

1967년 (55세)

3월경, 10년 만에 드디어 62,500여 장에 달하는 『신화엄경합론』
번역 원고를 탈고하다. 이때 원고 쓰는 과정에서 생긴 오른팔 견
비통으로 10여 년 이상 고생을 하다.

1969년 (57세)

7월, 대전 학하리에 자광사慈光寺를 창건하다.

10월 13일, 오대산 월정사 대웅전이 낙성되다月精寺 重創. 오대산
월정사 법당중창 대시주송덕비문을 쓰다.

1970년 (58세)

삼장사 법당중창비문을 쓰다.

1971년 (59세)

향천사 법당중창공덕비문을 쓰다.

1972년 (60세)

화엄학연구를 위하여 대원암에 화엄학연구소를 설립하다.

3월부터 『신화엄경합론新華嚴經合論』 간행에 착수하다. 청룡사青
龍寺 중창 사적비기를 쓰다.

1975년 (63세)

동국학원(동국대학교) 이사理事에 취임하다.

8월 1일, 18년 만에 드디어 불교 최고의 경전인 『신화엄경합론新
華嚴經合論』이 화엄학연구소에서 간행되다. 『신화엄경합론』 초판
은 한장漢裝으로 총 47권(재판은 양장으로 23권)이며, 자비출판으로

조판에서 완간까지는 3년이 걸렸다.

10월 25일, 『신화엄경합론』 역해 완간 공로로 동아일보사 주최 인촌문화상을 수상하다. 대한불교 조계종 종정상도 수상하다.

이해 말경 그동안 틈틈이 번역해 오던 『사집四集』 원고를 탈고하다. 금오金烏 대종사 부도비명을 쓰다.

1976년 (64세)

7월, 강원의 사집과 교재인 『서장書狀』(1권), 『도서都序』(1권), 『절요節要』(1권), 『선요禪要』(1권)를 완간하다.

1977년 (65세)

이해 부터 『사교四敎』 번역을 시작하다. 전북 이리역 재난 이재민 돕기 서예전을 열어 수익금 전액을 희사하다.

(음)11월 15일부터 다음 해 1월 15일까지 2개월 동안 『신화엄경합론』 완간을 기념하여 월정사에서 제1회 화엄경 특강을 개최하다.

1978년 (66세)

인도 4대 불교성지를 참배하다. KBS TV에서 동행 촬영하여 '불교문화의 원류를 찾아서'라는 제목으로 11회에 걸쳐 방영하다.

1979년 (67세)

지암智庵 대종사 사리탑비명을 쓰다. 묘리妙理 비구니 법희 선사 탑비명을 쓰다. 청우聽雨 대종사 사리탑비명을 쓰다.

1980년 (68세)

2월 10일, 저서 『부처님이 계신다면』(1권)이 예조각에서 출간되다.

4월, 『사교四敎』 번역 원고를 탈고하다.

9월, 『치문』과 『초발심자경문』 번역 원고를 탈고하다.

1981년 (69세)

12월 20일, 강원의 교재인 『능엄경』(5권), 『기신론』(3권), 『금강경』(3권), 『원각경』(3권)을 완간하다(현행 유통본의 1982년 5월 31일은 착오임).

춘성春性 대종사, 청담靑潭 대종사 사리탑비문을 쓰다.

1982년 (70세)

2월 20일, 『치문』(1권)과 『초발심자경문』(1권)을 완간하다(현행 유통본의 1982년 5월 31일은 착오임). 이로써 1956년 가을부터 시작된 불교경전에 대한 역경불사가 26년 만에 역사적인 결실(완간)을 보게 되다. 이 기간 간행된 불서佛書는 『신화엄경합론』을 비롯하여 강원 교재인 『사교四敎』, 『사집四集』, 『치문』, 『초발심자경문』 그리고 선어록인 『육조단경』, 『보조법어』, 『영가집』으로서 불교경전은 총 14종 70책에 이른다(열반 후에 간행된 영가집까지 포함된 것임).

5월 31일, 『현토 역주 주역선해周易禪解』(3권)를 간행하다.

11월부터 다음 해 1월까지 2개월 동안 월정사에서 제2회 화엄학 특강을 개최하다. 경산京山 대종사, 추담秋潭 대종사 사리탑비문을 쓰다.

1983년 (71세)

2~3년 전부터 보이기 시작한 미질微疾이 이해 봄에 이르러 더욱더 악화되다. 열반 1주일 전까지 『도덕경道德經』 마지막 교정을 마치다.

음력 4월 24일(양력 6월 5일), 오대산 월정사 방산굴에서 세수 71세, 법랍 49세로 열반에 드시다.

6월 22일, 국가에서 은관문화훈장을 추서하다.

7월 30일, 그동안 진행해 오던 『현토 역해 도덕경선주道德經選註』(2권)가 열반한 지 두 달 만에 간행되다. 이로써 도가道家와 유가

儒家의 대표적 경서인 『도덕경』과 『주역선해周易禪解』도 모두 완간
되다. 불교경전과 외전을 모두 합한 역주서는 총 16종 75권이
된다.

1984년 (열반 후)

11월 15일, 탄허불교문화재단이 설립되다.

1986년 (열반 후)

음력 4월 24일, 오대산 상원사에 부도와 비碑를 세우다.

2001년 (열반 후)

5월 17일, 유고 원고 『현토역해 영가집』이 교림에서 간행되다.

2003년 (열반 후)

9월 30일, 법어집 『방산굴법어方山窟法語』가 간행되다.

일우자현 一雨玆玄

동국대학교를 졸업한 후 동국대학교 불교학과와 성균관대학교 동양철학과에서 각각 석사학위를 받았다. 성균관대학교 동양철학과(율장)와 동국대학교 미술사학과(건축) 그리고 고려대학교 철학과(선불교)와 동국대학교 역사교육학과(한국 고대사) 및 동국대학교 국어교육학과(불교 교육)에서 각각 박사학위를 취득했으며, 미술학과의 박사과정(회화)을 수료했다.

동국대학교 강의전담교수와 능인대학원대학교 교수를 지냈다. 현재 중앙승가대학교 불교학부에서 교수와 불교학연구원장으로 재직 중이며, 월정사 교무국장과 조계종 교육아사리 그리고 《불교신문》 논설위원과 한국불교학회 법인이사 및 상하이 푸단대학교 객원교수 등을 맡고 있다.

인도·중국·한국·일본과 관련된 160여 편의 논문을 한국연구재단 등재지에 수록했으며, 『한국 선불교의 원류, 지공과 나옹 연구』와 『스님의 논문법』 등 50여 권의 저서를 펴냈다. 저서 가운데 『불교미술사상사론』은 2012년 학술원 우수학술도서, 『사찰의 상징세계(상·하)』는 2012년 문광부 우수교양도서, 『붓다순례』(2014년)와 『스님의 비밀』(2016년), 『불화의 비밀』(2017년), 『스님, 기도는 어떻게 하는 건가요』(2019년)은 각각 세종도서에 선정되었다. 또 『백곡 처능, 조선불교 철폐에 맞서다』는 2019년 불교출판문화상 붓다북학술상을 수상했으며, 제7회 영축문화대상(2019)과 제1회 한암상(2020)을 수여하기도 했다.

- BTN불교TV 〈자현스님과 떠나는 붓다 로드Buddha Road〉 진행
- 네이버 밴드 〈쏘댕기기〉 band.us/@kumarajiva
- 유튜브 〈자현스님의 쏘댕기기〉

탄허의 예언과
그 불꽃 같은 생애

초판 1쇄 발행 | 2021년 2월 5일
초판 4쇄 발행 | 2023년 10월 1일

지은이 | 일우자현

펴낸이 | 윤재승
펴낸곳 | 민족사

주간 | 사기순
기획홍보 | 윤효진
영업관리 | 김세정

출판등록 | 1980년 5월 9일 제1-149호
주소 | 서울 종로구 삼봉로 81 두산위브파빌리온 1131호
전화 | 02)732-2403, 2404 **팩스** | 02)739-7565
홈페이지 | www.minjoksa.org
페이스북 | www.facebook.com/minjoksa
이메일 | minjoksabook@naver.com

ⓒ 일우자현, 2021
ISBN 979-11-89269-82-1 (03220)